A ARTE DA MAGIA
PARA ARRUMAR E PROTEGER A SUA CASA

Tess Whitehurst

A ARTE DA MAGIA
PARA ARRUMAR E PROTEGER A SUA CASA

Dicas Práticas e Encantamentos para Acabar com a Bagunça e Energizar Ambientes

Tradução
Denise de Carvalho Rocha

Editora
Pensamento
SÃO PAULO

Título original: Magical Housekeeping.
Copyright © 2010 Tess Whitehurst.
Copyright da edição brasileira © 2016 Editora Pensamento-Cultrix Ltda.
Publicado originalmente por Llewellyn Publications, Woodbury, MN 55125 USA www.llewellyn.com
Texto de acordo com as novas regras ortográficas da língua portuguesa.
1ª edição 2016.
Todos os direitos reservados. Nenhuma parte desta obra pode ser reproduzida ou usada de qualquer forma ou por qualquer meio, eletrônico ou mecânico, inclusive fotocópias, gravações ou sistema de armazenamento em banco de dados, sem permissão por escrito, exceto nos casos de trechos curtos citados em resenhas críticas ou artigos de revista.

A Editora Pensamento não se responsabiliza por eventuais mudanças ocorridas nos endereços convencionais ou eletrônicos citados neste livro.

Ilustrações dos mudras de Wen Hsu

Editor: Adilson Silva Ramachandra
Editora de texto: Denise de Carvalho Rocha
Gerente editorial: Roseli de S. Ferraz
Produção editorial: Indiara Faria Kayo
Editoração eletrônica: Join Bureau
Revisão: Bárbara C. Parente

Dados Internacionais de Catalogação na Publicação (CIP)
(Câmara Brasileira do Livro, SP, Brasil)

Whitehurst, Tess
 A arte da magia para arrumar e proteger a sua casa : dicas práticas e encantamentos para acabar com a bagunça e energizar ambientes / Tess Whitehurst ; tradução Denise de Carvalho Rocha. – São Paulo : Pensamento, 2016.

 Título original: Magical housekeeping.
 ISBN 978-85-315-1947-5

 1. Autoajuda 2. Encantos 3. Limpeza doméstica – Miscelânea 4. Magia 5. Parapsicologia I. Título.

16-04644   CDD: 133.44

Índice para catálogo sistemático:
1. Energizar ambientes de casa : Ocultismo   133.44

Direitos de tradução para o Brasil adquiridos com exclusividade pela
EDITORA PENSAMENTO-CULTRIX LTDA., que se reserva a propriedade literária desta tradução.
Rua Dr. Mário Vicente, 368 – 04270-000 – São Paulo – SP
Fone: (11) 2066-9000 – Fax: (11) 2066-9008
http://www.editorapensamento.com.br
E-mail: atendimento@editorapensamento.com.br
Foi feito o depósito legal.

Sumário

Agradecimentos 7
Introdução 9
1. A Arrumação da Bagunça 15
2. A Limpeza da Casa 39
3. Purificação Energética 49
4. Os Centros de Poder da Casa 57
5. O Fortalecimento dos Três Segredos 79
6. Os Cristais 97
7. Fadas, Anjos e Outros Seres Iluminados 119
8. Plantas Aliadas 141
9. Animais Aliados 155
10. Fumaça Sagrada e Aromas de Poder 171
11. Bênçãos, Proteções e Outros Rituais 191

Conclusão 221
Apêndice: Tabela de Correspondência das Cores 223
Bibliografia 227

Agradecimentos

À minha mãe, por me ensinar que ser eu mesma era a melhor e a única alternativa, e por falar comigo na linguagem da magia antes mesmo de eu nascer.

Ao meu pai, por me ensinar a questionar tudo, por me desafiar a fazer exatamente o que eu mais queria e por dizer e demonstrar sempre que "há mais coisas entre o céu e a terra, Horácio, do que sonha nossa vã filosofia".

A Ted Burner, por todas as pequenas coisas.

A Sedona Ruiz, por todas aquelas viagens difíceis comigo para o País das Maravilhas, Oz e a Ilha de Avalon, e por ser minha musa e irmã da minha alma.

A J. P. Pomposello, por me dar a ideia de que eu poderia escrever.

A Cheryl Hamada, por transmitir a mensagem divina de que era hora de pôr a mão na massa.

A Mike Milligan e Courtney Lichterman, pela sabedoria generosamente compartilhada e pelos incontáveis votos de confiança.

A Jonathan Kirsch, pela orientação especializada e apoio de um coração tão bondoso.

A Denise Linn, Ana Brett, Ravi Singh, Doreen Virtue, Louise Hay, Marina Medici, Karen Kingston, Terah Kathryn Collins, Scott Cunningham, Eckhart Tolle, Byron Katie, Joseph Campbell, Julia Cameron, Allen Ginsberg, Rob Brezsny e a todos os outros cujo trabalho ajuda a dissipar limites ilusórios até o infinito.

A Becky Zins, por deixar este livro mais bonito e abençoá-lo profundamente com sua sabedoria e competência.

Para Cat Fusca, Elysia Gallo, Amy Martin, Bill Krause, Lisa Novak, Lynne Menturweck, Sally Heuer e todos da Llewellyn pelas oportunidades, contribuições e dádivas tão perfeitas.

Para a Deusa, o Arcanjo Miguel, o Arcanjo Metatron, as fadas e todos os demais guias e ajudantes do meu mundo espiritual.

E, por fim, para Smoke, o gatinho mágico que espera por mim além do véu.

Introdução

*Tudo é sagrado! Todos são sagrados! Todo lugar é sagrado!
Todo dia está na eternidade! Toda pessoa é um anjo!*
– Allen Ginsberg "Footnote to Howl"

EU ESTAVA SENTADA DEBAIXO de um dossel de carvalhos no norte da Califórnia, assistindo a uma palestra sobre como fazer amuletos de amor e afrodisíacos com ervas. De repente, aparentemente do nada, a professora enfatizou a importância de se arrumar a bagunça. "Coisas velhas e estagnadas em casa significam que há coisas velhas e estagnadas na mente, no corpo e nas emoções. É peso morto", disse ela. "E isso complica a vida e os relacionamentos".

Foi a primeira vez em que pensei seriamente na ligação entre a minha casa e a minha vida. Embora eu não percebesse na ocasião, aprender a reconhecer essa ligação seria um fator decisivo para eu começar a trilhar meu caminho espiritual e para me dar a direção de que eu tanto precisava na minha busca para melhorar a mim mesma e a minha vida. Foi naquele instante que comecei a entender que meu estado mental, meu relacionamento comigo mesma e a maneira pela qual eu me expressava no mundo estavam intimamente ligados com os sentimentos que eu tinha dentro da minha casa e com relação a ela. E, como tanto tempo da minha vida eu passava dentro de casa, comecei a ver que ela literalmente fazia parte do tecido da minha realidade.

Como descrevo no primeiro capítulo, comecei lendo o livro de Karen Kingston, *Clear Your Clutter with Feng Shui**, e assim comecei a arrumar a bagunça do meu apartamento como uma louca. A leveza e a claridade que isso me trouxe foram tão profundas que quase na mesma hora me senti uma pessoa diferente. Durante anos, eu havia lutado contra a depressão, brigas com meu namorado, dramas familiares, problemas de dinheiro, "inaptidão" para meditar, acne, imagem negativa do meu corpo, indecisão quanto à minha carreira e uma "má sorte" geral e completa. Tudo isso começou a se dissipar e a mudar à medida que eu continuava a livrar o meu apartamento de coisas velhas, indesejadas e das quais eu não gostava. A maioria dos estados negativos não desapareceu do dia para a noite. Na verdade, alguns exigiram muito tempo para serem superados e outros ainda reaparecem de vez em quando! Mas a energia estagnada não estava mais estagnada e eu sabia, no fundo do coração, que o peso morto que eu carregava tinha afinal começado a sair da minha vida com todo ímpeto. Foi um alívio enorme.

Embora eu tivesse estudado magia e metafísica durante anos antes do rompante de arrumar a bagunça, tudo de repente começou a fazer sentido num nível mais profundo. Pode parecer estranho, mas a diferença palpável que eu sentia à medida que me livrava de cada saco de coisas inúteis era, de algum modo, uma janela para o campo sutil que cerca e preenche tudo e mantém tudo coeso na vida. Finalmente eu estava começando a perceber a energia por experiência própria. Isso me fez querer ler mais sobre como fazer uma limpeza energética nos ambientes e procurei livros que explicassem o que eu já sentia num

---

* *Arrume a Sua Bagunça com o Feng Shui*, publicado pela Editora Pensamento, SP, 2000. (N. E.)

nível visceral. Foi então que descobri as práticas mais suaves e intuitivas do feng shui, tais como as ensinadas por Denise Linn (*Space Clearing A-Z*), Terah Kathryn Collins (*The Western Guide to Feng Shui*) e David Daniel Kennedy (*Feng Shui for Dummies*).

Depois de esvaziar e limpar como jamais fizera antes, organizei e realizei um intenso ritual de limpeza e bênção da casa, que combinava os princípios da magia natural com os quais eu vinha trabalhando há anos com a nova (para mim) sabedoria da limpeza energética de ambientes e o feng shui que estava estudando. Foi bem intenso, sem a menor dúvida! Acendi velas, invoquei os quatro elementos, bati palmas, queimei sálvia, repiquei sinos, tudo a que tinha direito. Quando o ritual terminou, eu tinha criado tanta energia que o cômodo estava praticamente girando. Tive literalmente que me deitar para tomar fôlego antes de poder me ancorar e voltar à realidade cotidiana. Embora eu tivesse realizado rituais no passado, sentir de fato essa quantidade de poder de um modo tangível durante um ritual foi algo inédito. E puxa vida! Isso criou uma mudança enorme! O cômodo parecia pulsar e soltar faíscas. Era como se alguém tivesse aumentado a voltagem das luzes ou aberto uma janela que jamais fora aberta antes.

A partir daí, para qualquer lado que olhava, eu via na casa coisas de que gostava e que praticamente cintilavam de energia positiva. O que antes fora um mero apartamento era agora um espaço sagrado que me inspirava, estimulava e elevava meu ânimo. E foi só o começo! Nos anos que se seguiram, frequentei a *Western School of Feng Shui*, abri meu próprio escritório particular de feng shui e comecei a escrever e a dar palestras sobre os princípios nos quais trabalhava agora, de maneira regular. E, o melhor de tudo, minha vida agora se caracterizava por uma harmonia e fluidez alegre que eu jamais conhecera antes.

Como se isso não bastasse, trabalhar com essas energias mágicas em casa levou a um aprofundamento contínuo da minha intuição: a capacidade de sentir as energias emanando dos objetos, as diferentes personalidades das plantas e os pensamentos e sentimentos das pessoas e animais. Em algum ponto do caminho me tornei uma vegana, visto que, ao me ligar tão intensamente aos animais, podia claramente sentir a dor e o sofrimento nos produtos e alimentos de origem animal. Depois me tornei adepta da alimentação crudivegana (crua), pois podia sentir as qualidades de cura e de expansão da consciência dos alimentos originários de plantas vivas, e porque sentia que isso me ajudaria a viver numa harmonia bem-aventurada com o planeta e o universo. Viver desse jeito (pelo menos a maior parte do tempo, já que tomo umas cervejinhas ou como um prato de batatas fritas de vez em quando) intensificou ainda mais minha intuição e conexão com os reinos energéticos mais sutis e, sem dúvida, contribuiu para minha compreensão das qualidades metafísicas das plantas, animais, cristais, cores etc.

Esse caminho também me levou à percepção de que ter consciência ambiental não é apenas algo que se faça pelo bem do planeta. É algo que se faz pelo nosso próprio bem: cultivar a nossa ligação com a terra e ter respeito por toda a natureza é pré-requisito para a felicidade verdadeira e duradoura. E o nosso lar é o lugar perfeito para começarmos – afinal de contas, ele é o nosso cantinho pessoal na Mãe Terra e o único local onde somos nós que decidimos como queremos tratá-la. E, quando a tratamos bem, ela nos trata bem. Do mesmo modo que adoramos dar presentes para pessoas que gostam de nós e são gratas pelas dádivas que lhes oferecemos um dia, a deusa Terra adora nos cumular com suas dádivas de nutrição e abundância quando a respeitamos e demonstramos gratidão por ela. Eis porque você vai descobrir que, neste livro, recomendo demonstrações de amor ao planeta, como o respeito pelas plantas e pelos animais e o uso de velas de cera vegetal e produtos de limpeza biodegradáveis.

Tudo está conectado, e cada pedacinho e componente do mundo físico estão preenchidos com força vital e energia mágica únicas. Escrevi este livro porque tenho certeza de que cada um de nós tem a capacidade inerente de sentir, mudar, canalizar e dirigir essas energias para criar condições positivas e manifestar os verdadeiros desejos do nosso coração – talvez não da noite para o dia e não exatamente do modo como esperamos, mas, para ser sincera, desse jeito seria um tédio. Além do mais, viver de maneira mágica tem tudo a ver com a nossa jornada neste mundo e descobri que essa é a jornada mais empolgante e compensadora que poderíamos empreender.

 Com muito amor,

Tess

1

A Arrumação da Bagunça

TUDO ESTÁ INTERLIGADO. Quando olhamos para nossa casa com isso em mente, vemos que ela é como uma extensão, ou reflexo, do nosso corpo, da nossa vida e dos nossos altos e baixos emocionais. Isso ilustra o famoso preceito mágico de Hermes Trismegisto: "Assim em cima como embaixo". Em cima, o mundo visível e manifestado externamente (nossa casa) e, embaixo, o mundo invisível e manifestado interiormente (nossos pensamentos, sentimentos e experiências) são não apenas espelhos um do outro, mas também uma só e única coisa.

Essa ligação entre o visível e o invisível, quando relacionada ao lugar onde uma pessoa mora, é algo de que já temos consciência. Por exemplo, da próxima vez que assistir a um filme, preste atenção à casa dos personagens. Se for o lar de um casal feliz, observe as dicas no ambiente que lhe permitem deduzir isso. Você provavelmente vai perceber cores cálidas, quadros alegres e flores frescas. A casa de um casal infeliz, por outro lado, provavelmente vai ter tons frios e fechados em toda parte, superfícies duras e polidas e decoração austera ou esparsa. De modo semelhante, um personagem feliz pode morar numa casa relativamente arrumada e com iluminação cálida, ao passo que a residência de um personagem depressivo vai ser como uma caverna, desarrumada e iluminada demais ou sombria. Perceba com que rapidez você tira conclusões sobre a vida dos personagens com base na casa onde moram. Somos capazes de fazer isso porque, no íntimo, temos consciência de que esses padrões se repetem na vida real.

Além disso, você possivelmente já passou pela experiência de se livrar de um monte de coisas velhas e sentir um espantoso aumento em termos de clareza mental, bem-estar, energia e contentamento. Esses sentimentos positivos vêm de coisas como conseguir encontrar exatamente o que você estava procurando, estar rodeada só pelo que você gosta, sem ter a responsabilidade de cuidar de um monte de objetos de que não gosta muito, e abrir o guarda-roupa e ver prateleiras cheias de roupas que lhe caem bem.

Não apenas isso, mas, de uma perspectiva mágica, a bagunça representa e retém uma energia pesada e estagnada que pode tornar difícil, se não impossível, seu progresso na vida. A atitude de se livrar do que atravanca a sua casa dispersa essa energia estagnada, permitindo que a sua vida flua de um jeito mais saudável, leve e feliz.

A primeira vez em que fiz uma arrumação completa na bagunça, eu morava num apartamentinho adorável em Hollywood, mas do tamanho de uma caixa de fósforos, com meu namorado e um gato. Tinha acabado de ler um livro chamado *Arrume sua Bagunça com o Feng Shui*, escrito por Karen Kingston, e me transformado num tornado de simplificação, revirando gaveta após gaveta, armário após armário; jogando fora ou doando o que não queria mais, consertando o que estava quebrado e concluindo projetos inacabados. Não parei durante duas semanas e separei para jogar fora ou doar mais de oito sacos grandes de lixo, cheios de cacarecos. Não imaginava sequer que houvesse espaço para tudo aquilo que eu tinha acumulado. Quando acabei, comecei a me alimentar de modo mais saudável (o fato de não ter mais tralhas em casa me fez querer não pôr porcarias dentro do meu corpo), a fazer mais exercícios (a energia estagnada tinha saído da casa e eu sentia leveza e uma energia natural) e estava mais inspirada e fortalecida (não tinha mais a sensação de que as coisas me possuíam, e era como se eu tivesse recuperado minha própria vida, podendo escolher onde queria focar a atenção e a energia). Acabei emagrecendo quase cinco quilos sem fazer regime e, como tinha me livrado de um monte de roupas que não me caíam bem, abri espaço para coisas que *realmente* faziam com que eu me sentisse bem. Como consequência, "aconteceu" de eu ganhar uma enorme pilha de roupas novinhas em folha – que "por acaso" eram exatamente do meu tamanho – da minha prima, cantora de uma banda de rock punk de sucesso, e que sempre ganhava mais roupas de estilistas do que conseguia usar ou que nem cabiam no seu guarda-roupa.

A arrumação da bagunça é uma prática poderosa que ajuda você a entrar em sintonia com os reinos sutis e energéticos. Ao examinar a casa e verificar cada coisa, decidindo se ela aumenta ou drena sua energia, você entra em profunda sintonia com seu campo energético e o da sua casa, e prepara o terreno para que bênçãos mágicas inundem a sua vida.

Quando arrumar a sua casa, aconselho você a não se preocupar com o que vai colocar no lugar daquilo de que está se desfazendo. Por exemplo, se não gosta da sua mesa da cozinha e resolver se livrar dela, sendo obrigada a ficar um tempo sem mesa, sente-se no sofá ou na mesa de jantar às refeições até encontrar ou receber, como num passe de mágica, uma mesa de cozinha que você adore. É seguro e libertador manter vazio o espaço entre uma coisa e outra, e não há mal nenhum em se sentar no chão por um tempo para tomar o café da manhã. Claro, não faça nada que seja desconfortável. Se se sentir melhor mantendo a mesa velha até substituí-la pela nova, faça isso. Às vezes é até mais prático, como no caso em que você quer substituir todas as toalhas de banho.

Tipos de Bagunça

A regra de ouro para lidar com a bagunça é: se você não gosta ou não precisa de uma coisa, *livre-se dela* – não importa o que seja, quem lhe deu, há quanto tempo a tem ou o que ela representa. Ainda assim, é útil saber identificar os diferentes tipos de tralhas, para que você possa fazer uma boa limpeza em casa com competência e eficácia, não deixando que nada escape ao seu poderoso olhar "purificador".

Papel

Esta categoria inclui recibos antigos, cartas de amor de relacionamentos passados, ofertas de cartões de crédito, listas de tarefas, garantias de aparelhos que você não possui mais, cartões de felicitações de três anos atrás (ou do ano passado), cupons que já expiraram ou cupons que você provavelmente nunca vai usar etc. Verifique todas as prateleiras, gavetinhas de bagunça* e cantinhos da escrivaninha, ou outros lugares onde papéis como esses tendem a se acumular.

Roupas

Se a roupa não lhe serve ou você não a ama de paixão, livre-se dela. Se estiver esperando emagrecer alguns quilos ou ter dinheiro para comprar roupas novas, livre-se dela. Você merece um guarda-roupa que tenha apenas trajes que a deixem linda *do jeito que você é agora*, mesmo que isso signifique ter apenas três peças de roupa no guarda-roupa. Cada vez que olhar para roupas de que não gosta ou que vai usar "um dia", sua autoestima sofre um golpe e, consequentemente, fica mais difícil emagrecer e/ou receber abundância. Ter coragem para seguir em frente, deixando o passado para trás, e abrir espaço para roupas de que você goste é uma afirmação do amor por si mesma e da

---

* Recomendo muito ter uma gaveta de bagunça, pois há certas coisas que parecem não pertencer a nenhum outro lugar. Só não deixe de limpar essa gaveta de vez em quando.

sua consciência de prosperidade, e, se isso for feito com fé, você terá meios para obter novas roupas quando quiser ou precisar delas.

Livros

Gosto de ler todo tipo de livro, mas isso não significa que quero *possuir* todo tipo de livro. Por exemplo, se eu fosse viver para sempre, poderia pensar em ler obras de ficção mais de uma vez, mas já que existem tantos livros no mundo e jamais vou ter tempo de ler todos nesta vida, provavelmente vou ler a maioria dos romances e contos apenas uma vez, embora haja algumas exceções. Por esse motivo, minha biblioteca é composta, em sua maior parte, por livros de referência. Para mim, isso significa livros sobre yoga, feng shui, cristais, ervas, árvores, magia etc. Para você, pode significar livros sobre esgrima, culinária, astronomia ou qualquer outro assunto. Basicamente, conservo só livros que pretendo abrir mais de uma vez, o que inclui exceções como *As Brumas de Avalon* e *As Obras Completas de Shakespeare*. (Como já mencionei, as suas poderão ser diferentes.) O restante – livros que li uma vez e jamais vou ler de novo – peço emprestado na biblioteca ou compro e doo à biblioteca. Se você é de uma família como a minha, do tipo que guarda qualquer livro, não importa o assunto, esse conceito pode parecer um pouco chocante a princípio, como aconteceu comigo. Mas, quando percebe quanto espaço pode ganhar e como sua casa vai parecer mais bonita quando não estiver atulhada com todos os livros que já teve ou leu um dia, você decididamente se acostuma com a ideia.

Decoração

Quando a decoração é adequada, ela faz com que você se sinta bem cada vez que a admira. Ela confere beleza à atmosfera e alegria ao coração. Se ela não é adequada, livre-se dela. Isso inclui flores de seda ou desidratadas, plantas que já viram dias melhores, coisas de que você gostava, mas não gosta mais ou de que nunca gostou, para começo de conversa. Também abrange imagens que a fazem se sentir deprimida ou retratam estados que você jamais gostaria de experimentar. Por exemplo, ninguém nega que *O Grito*, de Edvard Munch, é uma obra de arte impressionante. Contudo, se você olhá-la todo santo dia, vai notar, conscientemente ou não, que ela está afetando sua vida num nível bastante profundo e, com toda probabilidade, deixando-a com sentimentos de medo, solidão, perigo ou insanidade. Por esse motivo, quadros como *O Grito* ficam melhores num museu. Por outro lado, *O Beijo*, de Gustav Klimt, não apenas é uma impressionante obra de arte para os padrões de todo mundo, mas admirá-la todo dia provavelmente vai encher sua vida com sentimentos de sensualidade, romance, paixão e alegria.

Mobília

Se um móvel não fica bem em sua casa e você o conserva porque custou caro, ele não passa de tralha. Se está dormindo numa cama que dividia com um ex-parceiro, ela está retendo a energia do antigo relacionamento e tornando difícil para você manifestar um novo relacionamento ou um que não a faça recordar o velho. O mesmo vale para sofás e mesas de jantar. Outros móveis dos quais seria bom você se livrar são os de que não gosta mais, os que são desconfortáveis ou aqueles em que você vive dando topadas com o calcanhar ou o dedão.

Presentes

Se você não gosta de alguma coisa, mesmo que tenha sido um presente, livre-se dela! Sua casa é um lugar extremamente mágico e sagrado, não cultive energia da culpa dentro dela apegando-se a presentes de que não gosta. Respeite o presente e a pessoa que o deu dando-o a alguém que irá apreciá-lo.

Comida

Vamos ser bem sinceras aqui. Você vai mesmo comer o resto do molho de manga que está no fundo da geladeira há meses? E as tortilhas ressecadas que estão no freezer ou aquela insossa barrinha de cereais que comprou por acaso? Não vai? Era o que eu pensava.

Dentro do Carro

Essa arrumação é, para mim, muito importante. As coisas parecem se acumular por conta própria no porta-malas ou no banco traseiro. Sempre que limpo o carro, me sinto muito melhor e até parece que ele funciona melhor também (embora eu possa estar apenas imaginando isso).

Projetos Inacabados ou Objetos Quebrados

Projetos inacabados podem fazê-la se sentir culpada ou oprimida cada vez que olhar para eles. Se você se deparar com alguns durante o processo de arrumação da bagunça, finalize-os ou livre-se deles. Isso inclui o tricô na qual você perdeu o interesse, o *scrapbook* que nunca conseguiu terminar ou a pilha de lenha que pretendia cortar para pôr na lareira.

O mesmo vale para coisas quebradas. Conserte-as, substitua-as ou livre-se delas. Isso faz tudo fluir melhor e traz uma sensação de bem-estar e serenidade para todas as áreas da vida. Aí estão incluídas dobradiças que rangem, portas que não fecham nem trancam direito, gavetas que caem quando você as abre etc. Se, no entanto, algo estiver tecnicamente quebrado, mas ainda funcionar e não incomodar muito (como o abajur que fica perto do meu computador e que ligo e desligo apertando ou soltando a lâmpada, ou a torradeira da bancada da cozinha que só tosta de um lado), não fique obcecada por causa disso.

Coisas com Associações Negativas

Você pode ter uma echarpe maravilhosa – que foi presente de um ex-namorado psicopata. Ou um quadro deslumbrante – herdado de uma tia tirânica com quem você nunca se deu bem. Se algo só faz com que você se lembre de uma época ou de uma pessoa que gostaria de deixar no passado, pense seriamente em se livrar dele.

Como Saber se é Hora de se Desfazer de Alguma Coisa

Geralmente, se você não gosta, não precisa e não usa algo, é hora de se livrar disso. Mas, se não tiver certeza absoluta, eis três métodos simples que vão ajudá-la a descobrir.

Método 1: O Método Místico

Segure o objeto ou coloque as mãos sobre ele. Feche os olhos, relaxe e respire fundo algumas vezes. Sinta a troca sutil de energia entre você e o objeto. Como se sente ao entrar em sintonia com ele? Feliz? Triste? Vibrante? Cansada? Em outras palavras, você tem a impressão de que ele está irradiando energia ou sugando-a de você? Ou ele lhe parece neutro?

Se você sentir, imaginar ou perceber que ele está lhe transmitindo energia positiva, não é hora de se desfazer dele. Se sentir, imaginar ou perceber que ele está drenando energia positiva, é hora de se livrar dele. Se ele for neutro, você pode passar para o método 2 ou 3, se quiser.

Método 2: O Método do Custo-benefício Energético

Pense em toda a energia que despendeu ao guardar e cuidar desse objeto. Antes de tudo, ele está ocupando lugar na sua casa – está ocupando um espaço pelo qual você pagou um bom dinheiro e que poderia ser usado ou ocupado por outra coisa. Além disso, considere a manutenção que ele requer. Por exemplo, você pode passar um bom tempo toda semana limpando-o. Ele também pode consumir uma parte da sua valiosa energia cada vez que a faz se lembrar de uma época ou pessoa que não era totalmente positiva (mesmo que não pense nisso conscientemente) ou se ele lhe causa algum tipo de incômodo ou aborrecimento. Depois que fizer um registro mental de toda energia que despendeu com esse item, considere a energia positiva que ele lhe oferece – se ele é útil, faz você feliz etc. Então pergunte a si mesma se se sente confortável com essa troca energética. Está sendo um bom negócio? Vale a pena conservá-lo? Ou ele não passa de uma tralha na sua vida?

Método 3: O Método da Mudança Imaginária

Sente-se perto do objeto, respire fundo algumas vezes e feche os olhos. Agora imagine que está mudando de endereço e que essa é uma sensação maravilhosa! Você está muito feliz por se mudar para uma casa nova, talvez numa cidade diferente, porque sabe, no íntimo, que vai ser uma chance de recomeçar e realizar com alegria todos os desejos do seu coração. Imagine-se contratando uma transportadora ou alugando uma van e colocando todos os seus amados objetos em caixas. Então, abra os olhos e olhe para o objeto. Você quer levá-lo consigo nessa nova vida maravilhosa? Ele combina com a visão ideal de si mesma? Ele vale o tempo e o esforço de empacotá-lo e levá-lo na mudança? Se a resposta a qualquer dessas perguntas for não, é melhor se livrar dele.

Depois que fizer uma arrumação inicial da sua bagunça, que pode durar um dia, um mês ou um ano, dependendo dos hábitos que manteve ao longo da vida, é importante voltar a fazer essa faxina com regularidade. Isso porque o hábito de acumular coisas se tornou nosso estilo de vida. Propagandas que vêm pelo correio, presentes de aniversário, compras por impulso e milhões de outras maneiras de acumularmos coisas inúteis tendem a aumentar a bagunça em nossa casa num ritmo vertiginoso. Para mim, limpar regularmente a bagunça significa verificar todas as roupas, livros e papéis ao menos uma vez por mês e me livrar de tudo de que não preciso mais. A cada quatro ou seis meses, também dou uma checada em todos os armários, prateleiras, porta-malas do carro, geladeira etc., para ter certeza de que estou conservando apenas coisas que tenham uma energia vibrante e útil. Sei que preciso fazer isso sempre que começo a achar difícil manter a casa limpa ou quando me sinto paralisada do ponto de vista criativo ou emocional. Depois que adquire o hábito de arrumar a casa regularmente, você se torna mais sensível à energia, o que não só potencializa sua felicidade, intuição e trabalhos mágicos, como também a ajuda a perceber quando está precisando urgentemente se livrar da tralha.

Ritual para Dar Início à Arrumação da Bagunça

Mesmo depois de perceber a necessidade de fazer uma boa arrumação na casa, a ideia de começar às vezes pode ser um pouco desanimadora. Mas não tema! O ritual para dar o chute inicial nessa arrumação está aqui. Você só precisa de uma vela branca grande (de soja ou cera vegetal, se possível) e uma xícara quentinha de uma bebida deliciosa e energizante, como café ou chá preto (ou, se você não gosta de cafeína, chá de hortelã ou gengibre serve também).

Antes de preparar a bebida, decida por qual área quer começar. Escolha algo que não a sobrecarregue muito, mas talvez force-a a ir além dos seus limites, mesmo que só um pouquinho. Sugiro uma escrivaninha ou um guarda-roupa, mas, se for muito, você pode começar com uma única gaveta ou prateleira. Como se faz no yoga, force um pouco, mas não exagere. Só você conhece os seus limites.

Depois de decidir por onde quer começar, bata palmas bem forte ao redor do interior ou do exterior da área para soltar e descolar a energia ali contida. Depois lave as mãos e prepare a bebida. Antes de acender a vela, segure-a com as duas mãos e concentre a atenção nela, dizendo:

> *Sobre qualquer desordem vou agora triunfar.*
> *Sou a dona soberana dos domínios do meu lar.*

Acenda a vela e sente-se em frente à área. Segure a bebida com as duas mãos e concentre a atenção nela, à medida que diz:

> *Neste momento imbuo esta bebida que tenho nas mãos*
> *Com as energias da pureza, da leveza e da motivação.*

Então relaxe enquanto aprecia a bebida, sabendo que estará pronta e disposta (e talvez até entusiasmada) para iniciar sua faxina assim que tiver terminado o último gole. Deixe que a vela continue acesa enquanto faz a limpeza, e não se surpreenda se acabar limpando um pouquinho mais do que planejou. Acenda a vela cada vez que fizer a arrumação, repetindo o ritual, se quiser.

Arrumação da Bagunça Interior

Enquanto você arruma a bagunça do seu ambiente físico, é inevitável que sua tralha psíquica (também conhecida como bagagem emocional) venha à superfície. Isso é algo que todos sabemos num nível intuitivo, o que, ironicamente, é muitas vezes o que nos faz manter a bagunça exterior. Em vez de olharmos e sanarmos os problemas antigos e dolorosos, preferimos deixá-los enfiados em gavetas e cantos escuros dos guarda-roupas, dizendo a nós mesmos que um dia cuidaremos deles.

A seguir, você vai encontrar descrições dos principais tipos de lixo interior, com sugestões de como eliminar cada tipo da mente, do corpo, do espírito e/ou das emoções. Você pode fazer esse trabalho ao mesmo tempo que faz a arrumação da bagunça exterior ou, se tiver dificuldade para iniciar o processo, pode começar no nível interior para afrouxar e descolar a energia estagnada da sua vida. Não importa qual seja o seu ponto de partida, a decisão de começar a desalojar e dissipar a energia estagnada da sua vida vai criar um impulso e fazer tudo começar a fluir, como o primeiro gelo se derretendo e escorrendo do topo de uma montanha cheia de neve.

Toxinas Físicas

Desintoxicar o corpo regularmente pode ajudá-la a se purificar de toxinas acumuladas que afetam não só o seu corpo, mas também a mente e as emoções. É importante criar o hábito de se desintoxicar bebendo ao menos 35 ml de água por quilo de peso todos os dias. Também sugiro evitar a carne e outros produtos animais, açúcar branco, farinha branca e aditivos artificiais, pois eles retêm vibrações densas, negativas e nocivas, e contribuem para a acumulação de toxinas no corpo. E coma o máximo possível de frutas e verduras para nutrir o organismo e ajudar a eliminar suavemente as toxinas. Para mais detalhes sobre hábitos de alimentação saudáveis, leia *Conscious Eating*, de Gabriel Cousens e *Eating in the Light*, de Doreen Virtue e Becky Prelitz.

Eis outros hábitos de desintoxicação regulares que você poderá cultivar:

• •

Coquetel Caiena

Minha amiga Jennie Chester Moran, que é *coach* de alimentação vegetariana crua me ensinou a fazer este coquetel. (Embora eu tenha acrescentado agave à receita por conta própria.) Ele não só é poderoso e energizante, mas também extremamente desintoxicante para o fígado e o sistema digestório. Gosto de tomar essa bebida imediatamente após acordar para ajudar na digestão e no metabolismo, mas você pode bebê-la a qualquer hora.

INGREDIENTES:

1 limão

Cerca de ¼ de colher de chá de pimenta-caiena (menos ou mais, conforme o gosto)

Estévia (adoçante de uma planta, sem calorias) para dar gosto

Néctar de agave (um adoçante cru, parecido com mel) para dar gosto

2 xícaras de água

Use um espremedor para extrair o suco do limão (use apenas metade do limão, se ele for grande). Num copo alto, misture todos os ingredientes.

• •

Suco da Beleza

Este coquetel não é tão gostoso como o Coquetel Caiena, mas é altamente nutritivo e purificador para o sangue e os órgãos internos. Tem também a vantagem adicional de clarear e embelezar a pele – daí seu nome.

INGREDIENTES:

Um punhadinho de cada uma das seguintes ervas secas: raiz de bardana, raiz de dente-de-leão, urtiga, flores de trevo-dos-prados

1 xícara de suco de babosa (aloe vera)

5 xícaras de água

Coloque a água para ferver numa panela média. Adicione os punhados de bardana e de dente-de-leão. Tampe a panela, abaixe o fogo e deixe a água ferver em fogo baixo durante 10 minutos. Acrescente a urtiga e ferva por mais 5 minutos. Tire a panela do fogo e adicione as flores de trevo-dos-prados. Tampe novamente e deixe em infusão durante 10 minutos. Coe e deixe esfriar. Adicione o suco de babosa e beba de 200 a 700 ml por dia.

Sais de Banho

Tomar um banho de imersão de 40 minutos (ou mais) pelo menos uma vez por semana é uma ótima maneira de eliminar toxinas através dos poros. Certifique-se de ter à mão bastante água para beber. Encha a banheira com água quente, dissolva 2 xícaras de sais de Epsom, 1 xícara de sal marinho e 1 xícara de bicarbonato de sódio na água. Adicione algumas gotas de óleo de lavanda para uma aromaterapia relaxante e emocionalmente purificadora, se quiser, e aproveite para relaxar.

Exercícios

Exercícios regulares que fazem você suar – como corrida, caminhada ou dança – ajudam a fazer a sua energia circular e limpam de dentro para fora. O yoga também é muito purificador, pois estimula os músculos e órgãos internos de um modo que os ajuda a liberar a tensão e as toxinas.

Rancores, Mágoas e Antigas Feridas

Todos nós, em algum momento da vida, fomos magoados e maltratados. Durante muito tempo, fiz questão de me agarrar à dor e à raiva e, num certo sentido, até me deixei definir por elas. Mas agora percebo que, quando me agarro a uma mágoa ou culpo alguém por me fazer alguma coisa, estou abrindo mão do meu poder. Estou, na verdade, dizendo: "Não tenho poder sobre minha própria vida. Aquela pessoa (ou problema) tem poder sobre mim e não posso fazer nada a respeito". Começar a perdoar e se libertar dessas antigas feridas nos permite dar o primeiro passo para recuperar o poder e encontrar paz na vida. Lembre-se, não é pelo bem da outra pessoa que perdoamos, mas pelo nosso próprio bem.

Há menos de um ano, vivenciei intensamente a alegria do perdão. Tudo começou quando meu padrasto, há muito desaparecido, entrou em contato comigo pela internet. Esse homem havia abusado sexualmente de mim quando eu era adolescente e, quando entrou em contato comigo, percebi que eu tinha propositalmente ignorado os fortes sentimentos de vitimismo e raiva a que ainda estava apegada depois de tantos anos. Depois de muito trabalho interior, finalmente consegui oferecer o perdão e lhe respondi, num longo e-mail, dizendo que seus atos não tinham sido de maneira nenhuma adequados, mas que eu percebera que eles deviam ter lhe causado uma vergonha profunda e aversão por si mesmo. Deixei que ele soubesse que sentia compaixão por ele e o perdoava. (E na verdade eu estava sendo sincera!) Depois que lhe mandei esse e-mail, senti contentamento e alívio num nível profundo, como se algo muito pesado me tivesse sido tirado do estômago e dos pulmões. Não demorou muito tempo, ele me respondeu, com uma confissão e um pedido de desculpas, que foi como a cereja do bolo. Senti-me tão fortalecida que decidi finalmente contar à minha mãe o que acontecera, o que me permitiu lidar com uma dose ainda maior de raiva (e por fim me libertar dela), – uma raiva que eu nem percebia que estava carregando. A experiência toda desencadeou uma torrente de perdão e, como resultado, senti um enorme poder se derramar sobre mim. E tive uma forte intuição de que trazer à tona o abuso sexual permitiu que minha mãe e meu ex-padrasto se curassem e liberassem uma grande dose de energia negativa estagnada com respeito a essa questão.

Embora possa ser imediato, na verdade o trabalho de perdoar e esquecer pode, muitas vezes, demorar um pouco, de modo que você deve ser paciente consigo mesma. Eis aqui um exercício que você pode fazer para começar.

Chaves para a Libertação

No seu diário ou caderno escreva "Chaves para a Libertação" no topo da página. Abaixo, faça uma lista de todas as pessoas, problemas ou situações de que você tem raiva. Liste qualquer coisa que a faça se sentir uma vítima de alguma forma. Continue a anotar até que tenha escrito tudo de que consegue se lembrar. Então leia toda a lista e, a cada item, feche os olhos e pense nele. Depois que tiver evocado a imagem ou o sentimento a ele associado, diga mentalmente à pessoa ou situação que você está disposta a perdoá-la, pois está pronta para recuperar o poder que lhe deu, seja uma pessoa ou situação. Você, na verdade, não tem que perdoar no coração ainda, só tem que estar *disposta* a perdoar. (Se achar difícil até mesmo estar disposta, é ótimo que descubra isso, visto que grande parte do seu poder deve estar amarrada a essa questão. Nesse caso, aceite o desafio e seja paciente consigo mesma. Você pode abordar o problema de outro ângulo, procurando aconselhamento ou algum tipo de cura energética, ou arrumando a bagunça física primeiro.) A mera disposição para perdoar começará a dissipar a energia negativa que cerca a questão, o que, por fim, vai permitir que você recupere o seu poder. Depois do exercício, assuma o propósito de perdoar completamente o passado e seguir em frente com a sua vida. Acho útil evocar mentalmente tanto amor e compaixão quanto possível e enviá-los para a pessoa ou situação problemática.

Para obter mais ajuda com respeito ao perdão e à liberação do rancor, das mágoas e das antigas feridas, recomendo com ênfase o livro *I Need Your Love – Is That True?*, de Byron Kate e Michael Katz. Tratamentos para cura como massagens e terapia craniossacral também podem realmente ajudar no processo de cura.

Crenças Limitantes

Os pensamentos e sentimentos criam nossa realidade, e as nossas crenças são a base dos pensamentos e sentimentos, definindo-os de um jeito sutil embora poderoso. Para usar outro exemplo da minha própria vida, durante muitos anos tive empregos de que não gostava e, embora sentisse que estava trabalhando incessantemente, ainda estava sem dinheiro e infeliz. Finalmente (graças a Deusa), comecei a tomar consciência das velhas crenças a que me apegara e que estavam ajudando a criar e perpetuar essa realidade. À medida que crescia, tanto meu pai quanto minha mãe tinham empregos de que não gostavam muito. De modos sutis, eles também às vezes demonstravam que estavam "com pouca grana" ou "com o caixa baixo no momento". Naturalmente, baseando-me no exemplo deles, adotei crenças como "Você tem que trabalhar num emprego de que não gosta" ou "A grana está sempre curta". Depois que me tornei consciente dessas crenças, fui capaz de começar a mudá-las. Fiz questão de prestar atenção em pessoas que amavam seu trabalho e tinham muito dinheiro. Isso me permitiu ver que minhas crenças não eram sempre verdadeiras e não tinham que ser verdadeiras para mim. Também comecei a repetir afirmações diariamente, como "Recebo constantemente abundância da Fonte Infinita" e "Todas as portas estão abertas para minha carreira perfeita e meu sucesso perfeito, e alegremente estou passando por elas agora".

A culpa é outro efeito colateral incapacitante das crenças limitadoras, normalmente das crenças que têm a palavra "deveria", como em "Eu deveria (ou não deveria) ter feito isso ou aquilo", "Eu deveria ser mais bem-sucedida agora", "Eu deveria ser uma pessoa melhor do que sou" etc. Apegar-se a crenças do tipo "deveria" faz com que a energia tóxica da culpa se acumule em nossa mente e emoções, criando estagnação e frustração em nossa vida. Começar a amar e aceitar a nós mesmos como somos – e nos perdoar pelos nossos supostos erros e falhas – nos afasta dessa velha energia negativa e abre espaço para a nova energia positiva.

•••••••••••••••••••••••••••••••••
Renovação das Crenças

Minha amiga Karynne Boese é terapeuta e me ensinou esta técnica. Escolha um problema que você precisa de ajuda para resolver – por exemplo, um relacionamento amoroso. Então faça uma lista de todas as crenças limitantes que tem sobre o assunto. Por exemplo, você pode escrever:

- Os relacionamentos amorosos nunca dão certo.
- Vou ter que abrir mão da minha liberdade e do divertimento para ter um relacionamento.
- Os homens não prestam.

Depois que tiver escrito todas as crenças limitantes de que se lembrar, pegue outra folha e anote uma crença oposta e menos limitadora para cada uma delas. Assim, para aquelas acima, você escreveria algo como:

- Os relacionamentos amorosos às vezes funcionam.
- Certos relacionamentos podem me dar ainda mais liberdade e diversão do que tenho agora.
- Alguns homens são ótimos.

Agora, para cada nova crença que escreveu, escreva de uma a três provas de que elas são verdadeiras. Assim, atendo-nos aos exemplos anteriores, você poderia escrever:

- Os relacionamentos amorosos às vezes funcionam: tia Jeana e o tio Al se amam apaixonadamente e estão juntos há 25 anos.
- Certos relacionamentos podem me dar ainda mais liberdade e diversão do que tenho agora: meu parceiro poderia me desafiar a tentar novas coisas divertidas em que eu jamais havia pensado. Talvez ele pudesse tomar conta dos cachorros às vezes enquanto eu faço um retiro de yoga.
- Alguns homens são ótimos: meu irmão é um grande cara. O vovô era o mais meigo dos homens. Martin Luther King Jr. foi uma das pessoas mais impressionantes de que posso me lembrar.

Agora você já enfraqueceu essas crenças limitantes! Elas podem ainda estar presentes, mas não são mais a camisa de força que um dia foram na sua realidade. Continue a trabalhar com as novas crenças, relendo-as todos os dias e continuando a encontrar provas de que são verdadeiras.

Para mais informações sobre crenças limitadoras, você pode ler *You Can Heal Your Life*, escrito por Louise Hay, e *Loving What Is*, de Byron Katie e Stephen Mitchell.

Arrumar a Bagunça é uma Missão para a Vida Inteira

Sempre guardamos coisas: propagandas enviadas pelo correio, presentes, compras que fazemos por impulso, experiências, novas crenças e ideias, interações com outras pessoas etc. Portanto, depois que você tiver limpado de maneira que a satisfaça e dissipado com sucesso a energia estagnada da sua casa, mente, corpo e emoções, não pare por aí! Crie o hábito de se purificar e purificar seu entorno regularmente. Não ponha a propaganda que chega pelo correio em lugar nenhum que não seja o lixo reciclável. Ouça o que você mesma diz para perceber quaisquer crenças limitantes que possa estar carregando, a fim de se livrar delas. (Por exemplo, "Isso sempre acontece comigo".) Observe se está carregando no peito qualquer ferida antiga ou rancor, para que possa perdoar. Verifique as gavetas e o guarda-roupa todo mês ou a cada dois meses para tirar as coisas de que não gosta ou não precisa. Beba muita água e coma muitas frutas frescas e verduras. Arrumar a bagunça é um objetivo para a vida inteira e uma prática espiritual que produz continuamente mais libertação, leveza, sucesso, abundância e alegria.

Listagem da Arrumação da Bagunça

Bagunça Física	
Papéis	
	Recibos antigos
	Garantias velhas e outros documentos desnecessários
	Propagandas e outros impressos enviados pelo correio
	Cartões e cartas de amor antigos
	Cupons expirados

Roupas	
	Roupas que não servem
	Roupas de que você não gosta
	Roupas que a fazem se sentir feia ou menos do que maravilhosa
	Roupas que nunca usa
	Roupas que precisam de conserto que você sabe que nunca vai fazer
Livros	
	Qualquer livro que você jamais lerá novamente
Decoração	
	Qualquer peça de decoração que não lhe agrade
	Qualquer quadro ou gravura que retrate uma condição e sentimento que você não queira vivenciar
	Flores ou plantas desidratadas ou artificiais que parecem desbotadas, empoeiradas ou até mortas
Mobília	
	Qualquer móvel que não combine com a sua casa
	Cama, sofá ou mesa de jantar que você partilhou com um ex-parceiro
	Qualquer coisa de que não goste
	Móveis que atravancam, em que você tropeça ou que são inconvenientes

Presentes	
	Algo que você só guarda por culpa ou obrigação
Comida	
	Algo que sinceramente jamais vai comer
No Carro	
	Lixo
	Qualquer coisa que não faça parte do seu carro
Projetos Inacabados	
	Qualquer coisa que você não vai terminar (sinceramente) até o fim do mês que vem
Coisas Quebradas	
	Qualquer coisa quebrada que você não pode consertar ou não está com vontade (a não ser que ela ainda seja útil e conveniente e você não se importe que esteja um pouquinho danificada)
Objetos com Associações Negativas	
	Presentes ou coisas herdadas de pessoas que tenham associações negativas para você
	Qualquer coisa que lhe faça recordar uma situação ou época negativa

Bagunça Interior	
Toxinas Físicas	
	Evite carne, laticínios, ovos, açúcar branco, farinha branca e aditivos artificiais
	Aumente a ingestão de água, frutas frescas e secas, verduras e legumes frescos, sucos de frutas e verduras, chás de ervas, ervas purificadoras
	Tome banhos de sal grosso ou sal marinho
	Faça exercícios
Rancores, Mágoas e Feridas Antigas	
	Perdoe, liberte e cure: solte a velha bagagem emocional, sinta-se mais leve e recupere seu poder!
Crenças Limitantes	
	Nossos pensamentos criam nossa realidade e nossas crenças definem nossos pensamentos: descubra as crenças que estão impedindo você de viver a vida dos seus sonhos e livre-se delas

2
A Limpeza da Casa

LIMPAR A CASA é um poderoso ato de magia. Porque: a) tudo está conectado e b) seu ambiente exterior reflete seu ambiente interior; quando você limpa a casa, está também limpando a mente, o corpo e o espírito. Isso significa que, ao limpar o lugar onde mora, você aumenta o fluxo de energia, a felicidade, a lucidez e a saúde na sua vida, o que, por sua vez, aumenta a sua capacidade de manifestar seus desejos e condições ideais de vida.

Não só isso: encarar a limpeza do ponto de vista mágico, em vez de mundano, transforma essa experiência em todos os aspectos. Ela se torna uma aventura capaz de elevar as vibrações da sua casa, uma prática transcendental e aromaterápica que expande a consciência e ativa e potencializa suas energias mágicas. E, mesmo que você ainda não goste de fazer limpeza, ela vai ficar um pouquinho menos cansativa.

Produtos de Limpeza

Certifique-se de comprar ou fazer produtos de limpeza que não sejam nocivos ao meio ambiente. Reconhecer e respeitar nossa conexão com a Mãe Terra nos ajuda a nos sentir conectados com o Tudo O Que É. Além disso, quando respeitamos a Terra, ela nos respeita. E há mais chance de as fadas pairarem em torno das nossas plantas e jardins se não usarmos produtos químicos tóxicos ou irritantes dentro ou em torno da casa. (Há mais informações sobre fadas mais adiante). Existem muitos produtos não nocivos no mercado e muitos livros sobre como fabricá-los. E você pode acrescentar óleos essenciais e essências de flores aos produtos para dar mais força às suas intenções. Eis algumas ideias.

Óleos Essenciais

Como você provavelmente já sabe, os óleos essenciais são aromas de plantas totalmente naturais e altamente concentrados, que você encontra em lojas virtuais e na maioria das lojas de produtos esotéricos. Dez a vinte gotas de um ou mais desses óleos nos produtos de limpeza não só vão deixá-los com uma fragrância agradável, como também vão atuar num nível emocional e afetar de modo positivo seu ânimo e sua vida, bem como a vibração energética da sua casa. Muitos produtos de limpeza naturais já contêm óleos essenciais; leia o rótulo para se inteirar dos ingredientes e ter uma ideia de quais energias mágicas já estão em ação no produto. Veja a seguir alguns óleos essenciais que são especialmente úteis para a limpeza da casa. Só tenha cuidado ao manuseá-los, pois eles são altamente concentrados e podem irritar a pele.

Alecrim: concentração, memória
Canela: prosperidade, vibrações elevadas (tenha cuidado: esse óleo pode irritar a pele)

Cedro: espiritualidade, força, vibrações elevadas
Esclareia: euforia, clareza
Hortelã-pimenta: energia, amor, vibrações elevadas
Lavanda: relaxamento
Limão: frescor, energia, felicidade
Rosa ou gerânio rosa: romance, espiritualidade, vibrações elevadas
Tangerina: calor humano, abundância

Essências Florais

A essência floral pode parecer o mesmo que um óleo essencial, mas na verdade é algo totalmente diferente. Não se trata do perfume de uma planta, mas de uma poção já pronta ou algo assim. É a vibração energética, ou a sabedoria emocional única de uma floração, preservada em conhaque e água. As essências florais são normalmente usadas como remédios homeopáticos, colocados sob a língua ou tomados com água, mas eu também as uso quando quero limpar a minha casa energeticamente, para mudar a vibração do ambiente e a sensação que ela provoca. Assim como os óleos essenciais, você pode encontrar as essências florais em lojas virtuais a na maioria das lojas de produtos esotéricos. Basta acrescentar duas a quatro gotas de uma determinada essência numa solução de limpeza para usufruir de seus benefícios terapêuticos na sua casa.

Eis algumas das essências florais mais apropriadas para se usar em produtos de limpeza:

Aspen: ajuda você a se sentir segura no espaço em que a utiliza

Bach Rescue Remedy: acalma e eleva a energia de um espaço; dissipa a negatividade e reverte padrões energéticos negativos

Crab Apple: promove uma sensação de purificação caso a área ou a energia transmita uma sensação de peso ou rigidez
Larch: ajuda você a gostar da sua casa e a ficar orgulhosa dela.
Walnut: ajuda a suavizar as energias durante épocas de mudança
White Chestnut: propicia serenidade e calma; boa opção se você se sente oprimida no espaço em que está

· ·

A Bênção da Vassoura

Quando você limpa a sua casa usando magia, é claro que uma vassoura não é meramente uma vassoura – é uma vassoura *mágica*. Ao varrer o chão e remover os detritos físicos, ela simultaneamente deixa a casa livre de energia negativa e de detritos energéticos, o que eleva as vibrações e abre caminho para sentimentos e estados positivos. Realizar esse ritual da bênção da vassoura (e/ou aspirador de pó, que nada mais é do que uma versão moderna da vassoura) vai ativar completamente seu poder de magia e consagrá-la aos seus propósitos mágicos.

Observação: O ideal é que a vassoura ou o aspirador que você vai abençoar neste ritual nunca tenham sido usados.

INGREDIENTES:
1 lençol ou toalha brancos
¼ de xícara de sal
Uma vareta de incenso de olíbano
1 vela branca
Água de rosas

Num dia ou noite de lua cheia, reúna os ingredientes e coloque a vassoura deitada num lençol ou toalha branca. Acenda a vela e o incenso. Erga a vassoura e a envolva na fumaça do incenso, dizendo:

Invoco o poder do ar para abençoar esta vassoura.

Agora segure a vassoura sobre a chama (tomando cuidado para que ela não pegue fogo) e diga:

Invoco o poder do fogo para abençoar esta vassoura.

Coloque a vassoura de novo sobre o tecido e suavemente borrife-a com a água de rosas (só uma vez é suficiente), enquanto diz:

Invoco o poder da água para abençoar esta vassoura.

Espalhe o sal sobre a vassoura e diga:

Invoco o poder da terra para abençoar esta vassoura.

Quando se sentir pronta, sacuda suavemente a vassoura e tire o sal para que ele caia sobre o tecido. Levante a vassoura e segure-a nas mãos. Feche os olhos e sinta o poder mágico que desperta na vassoura. A seguir, visualize uma luz branca bem brilhante descendo das alturas, entrando pelo alto da sua cabeça e através do seu corpo. Veja essa luz também fluindo para a vassoura, como se ela fosse uma extensão do seu campo de energia. Depois de alguns instantes, diga:

Esta vassoura agora está consagrada e abençoada.
Bendita seja. E assim seja.

Apague a vela e o incenso. Sacuda o sal do tecido dentro da banheira e coloque-o para lavar.

Durante a Limpeza

Enquanto faz a limpeza, é bom ouvir uma música animada para manter a energia circulando de modo saudável. Também é bom queimar incenso ou espargir óleos essenciais num aromatizador com vela ou outro tipo de difusor de aromas, para romper e dissipar a energia estagnada que está sendo liberada. Além disso, como seu ambiente exterior reflete o ambiente interior e vice-versa, é ótimo beber muita água, pois o ato de limpar a casa vai estimular o processo de desintoxicação do seu corpo.

Quando tiver começado a limpeza, procure ficar absorta no que está fazendo, com toda a sua atenção e energia focadas. Ouça música, inale o aroma dos óleos essenciais e/ou do incenso e fique atenta a cada um e a todos os objetos da área que está limpando. Sua atenção vai trazer vibrações novas e renovadas a cada um deles e ao ambiente e sintonizar você com as energias da casa. Mas, se sua mente divagar, não se preocupe.

Um pouco de bom senso e dicas mágicas para a limpeza:

- Se não está sujo, não limpe. Parece óbvio, mas, até aprender isso, eu às vezes limpava coisas que já estavam limpas por hábito ou porque imaginava que havia uma camada invisível de sujeira nelas. Limpar só o que está sujo economiza tempo, energia e produtos de limpeza.
- Limpe de cima para baixo. Limpe um cômodo completamente e depois passe para o próximo. Isso também economiza tempo e energia.
- Pelo bem do meio ambiente, use coisas laváveis em vez de descartáveis, sempre que possível.
- Periodicamente, à medida que a sujeira ou o pó começam a se acumular, limpe atrás de grandes objetos como armários, sofás, fogões e geladeiras, mesmo que tenha que chamar

alguém para tirá-los do lugar. Isso vai manter a energia fluindo de um jeito saudável.

- Varra o degrau da porta de entrada com frequência, para manter a energia positiva fluindo para dentro da casa.
- Varra com frequência, como uma prática espiritual, para purificar as energias e mantê-las fluindo de modo saudável.
- As janelas representam a maneira como você vê o mundo, e os espelhos, o modo como você se vê. Mantenha as janelas e os espelhos limpos para manter perspectivas claras e saudáveis.
- O fogão representa saúde e riqueza. Mantenha-o limpo e brilhante para energizar seu corpo e suas finanças.

Limpeza Mágica do Chão

A limpeza mágica do chão é um modo poderoso de dar espaço para o que você quer na sua vida. Ela instila uma vibração magnética que ajuda a manifestar o resultado que você deseja. Depois de ter limpado o piso normalmente, você está pronta para começar.

Limpeza do Chão para a Prosperidade

INGREDIENTES:

Um balde ou outro recipiente semelhante
Um punhado de folhas frescas de manjericão ou uma colher de chá de manjericão desidratado
Cascas de uma laranja
Óleo essencial de hortelã-pimenta
Um esfregão
Uma panela ou caldeirão
Um borrifador (se tiver carpete)

Coloque o manjericão e a casca de laranja na panela, encha-a de água e coloque-a no fogo. Quando a água começar a ferver, tampe a panela, abaixe o fogo e deixe em fogo lento durante 5 minutos. Ponha água no balde e adicione a mistura fervida. Coloque 7 gotas do óleo de hortelã-pimenta na água e agite. Imponha as mãos sobre a água, feche os olhos e visualize uma luz verde brilhante com poeira dourada cintilante flutuando ao redor do balde, vinda do céu como num raio de luz, entrando pela sua cabeça, indo para o coração e movendo-se pelos dedos e as palmas das mãos para generosamente impregnar a mistura. Com o olho da mente, veja essa luz girando poderosamente no balde. Se você tem carpete, ponha um pouco da mistura no borrifador. Esfregue todo o piso com ela. Se o degrau da porta de entrada ou da varanda for feito de um material que pode ser molhado, pode passar o esfregão também nessas áreas. Então, borrife levemente os carpetes com a mistura. Você pode também borrifar o degrau de entrada se não puder esfregá-lo.

Limpeza do Chão para a Harmonia Doméstica

INGREDIENTES:
   Um balde ou recipiente semelhante
   Óleo essencial de tangerina
   Óleo essencial de grapefruit
   Floral de Bach Rescue Remedy
   1 colher de chá de sal marinho
   Um esfregão
   Um borrifador (se tiver carpete)

Encha o balde de água e adicione 4 gotas de óleo essencial de tangerina, 4 gotas de óleo essencial de grapefruit, 4 gotas do Bach

Rescue Remedy e 1 colher de chá de sal marinho. Mexa no sentido horário. Junte as mãos em posição de prece, feche os olhos e diga:

> Deusa da Família e do Lar, por favor, impregne esta água com vibrações harmoniosas e irradie paz, alegria e felicidade no interior destas paredes. Obrigada!

Visualize uma luz branco-dourada cintilante impregnando a mistura. Se tiver carpete, ponha uma parte da mistura no borrifador. Esfregue com ela o piso, inclusive a varanda da frente e o degrau da porta de entrada, se for o caso, e borrife levemente o carpete. Ou borrife a varanda/degrau de entrada se não for possível esfregar essas áreas.

· ·

Limpeza do Chão para Ter mais Clareza

Use essa fórmula para purificar as vibrações e desanuviar a mente.

INGREDIENTES:
- Um balde ou recipiente semelhante
- Vinagre branco
- Óleo essencial de esclareia
- Essência floral Hornbeam
- Um cristal de fluorita
- Um esfregão
- Um borrifador (se tiver carpete)

Purifique o cristal, deixando-o sob água corrente durante ao menos trinta segundos ou mergulhando-o em sal por pelo menos dez minutos. Encha o balde de água e adicione ¼ de xícara de vinagre branco, 9 gotas de óleo de esclareia, 4 gotas da essência floral Hornbeam e o cristal purificado. Mexa a mistura. Feche os olhos e visualize o líquido imerso numa luz branca bem brilhante. Se tiver carpete, coloque um pouco da mistura no borrifador. Esfregue todos os pisos, bem como a varanda da frente e/ou o degrau de entrada, se possível. Termine borrifando o carpete levemente e, se não for possível esfregá-los, borrife também a varanda da frente e o degrau da entrada.

Depois de Limpar a Casa, Termine com uma Purificação Pessoal

Enquanto faz a faxina, seu corpo elimina toxinas através dos poros. Além disso, sua aura também pode absorver detritos energéticos. Para dissipar e eliminar essas toxinas, tome um banho de chuveiro ou de banheira quando terminar a limpeza. Se tomar uma chuveirada, use um sabonete líquido ou em barra de hortelã-pimenta ou acrescente algumas gotas de óleo essencial de hortelã-pimenta no sabonete líquido neutro. O sal marinho e/ou a hortelã-pimenta vão ajudar a dissipar e neutralizar toda a negatividade e elevar suas vibrações pessoais. Terminar com uma purificação pessoal também é uma ótima maneira de expressar amor e admiração por si mesma depois de fazer um trabalho bem feito e deixá-la com uma sensação boa, que vai aumentar sua empolgação quando o dia de uma nova faxina chegar.

3

Purificação Energética

A LIMPEZA E A ARRUMAÇÃO da bagunça ajudam a remover os detritos físicos e energéticos da sua casa e da sua vida. A purificação energética aumenta a energia da casa ainda mais, eliminando qualquer tipo de negatividade que ainda restar, atraindo energia renovada, abundante e vibrante, e elevando as vibrações até um nível mais alto e harmonioso. Você vai notar que, depois de purificar o espaço, você ficará com uma sensação de leveza e alegria que jamais sentiu antes na sua casa. Entre suas paredes, provavelmente não ocorrerão brigas, disputas, mal-entendidos ou qualquer tipo de negatividade; em vez disso, a energia da casa suscitará risadas, inspiração, clareza, alegria e um coração aberto para o amor.

Existem várias maneiras de se purificar energeticamente um ambiente. Não importa o método que você use, sugiro que abra todas as portas e janelas antes de começar. Isso porque o que você vai fazer criará um saudável fluxo de energia. Quanto mais espaço a energia tiver, mais rápido ela pode fluir, e a energia renovada pode entrar com mais facilidade e abundância.

Vou apresentar a seguir alguns métodos simples de purificação energética, que você pode praticar sozinha ou com a ajuda de outra pessoa. Depois vou descrever um ritual mais completo, que incorpora vários métodos, para purificar totalmente a energia e elevar as vibrações do ambiente.

Fazendo Barulho

Bater Palmas

Bater palmas com vigor nos cantos e em volta de todo o cômodo faz a energia estagnada descolar das paredes e se dissipar. Quando tiver acabado, certifique-se de lavar as mãos para purificá-las de qualquer negatividade que possam ter absorvido.

Matracas, Tambores e Pandeiros

Eles funcionam de um jeito semelhante às palmas, dissipando a negatividade e a energia pesada, e fazendo a energia fluir de modo saudável. Ande pelo espaço com o objeto que produz barulho, concentrando-se nos cantos, nos espaços escuros e no perímetro do cômodo.

Carrilhões e Sinetas

Carrilhões (também chamados "sinos dos ventos") e sinetas aumentam as vibrações e enchem o cômodo de doçura e luz. Escolha carrilhões e sinetas com sons que lhe agradem. Faça-os soar pelo menos uma vez em cada cômodo e/ou área.

Cânticos

Devagar e com voz forte entoe o som "Om" pelo menos três vezes em cada cômodo ou área. Isso pode dissipar suavemente a negatividade e elevar as vibrações da casa de forma poderosa. Respire fundo, concentre-se e leve as mãos ao coração em posição de prece, prestando atenção a cada parte do cântico – tanto ao silêncio quanto à cada parte do som: "ah", "oh" e "mmm."

Defumação

Sálvia branca

Uma trouxinha de sálvia branca, também conhecida como sálvia sagrada ou sálvia apiana, pode elevar e purificar a energia de um espaço, quando queimada como incenso ao redor do cômodo. Ao acendê-la, agradeça ao espírito da sálvia por oferecer as folhas para que você possa usar. Evite provocar um incêndio, segurando uma tigela sob a trouxinha enquanto ela queima. Passe por cada cômodo e cada área no sentido anti-horário, se estiver no hemisfério norte, e no sentido horário, se estiver no hemisfério sul. Termine passando-a em torno do corpo para purificar sua aura.

Sálvia do deserto

Essa espécie (artemisia tridentata) é queimada da mesma forma que a sálvia branca, mas sua energia é diferente: enquanto a sálvia branca é um purificador poderoso, que eleva a vibração espiritual, a sálvia do deserto tem uma energia mais alegre e espirituosa. É usada para "abrir caminhos" e pode abrir novas e inesperadas portas em sua vida quando você sentir que ela está estagnada. Essa planta é associada à energia do Coiote, o *trickster* (malandro, pregador de peças) divino da mitologia dos nativos norte-americanos. Por causa de sua energia alegre, pode ajudá-la a encontrar um caminho ou fazer surgir uma porta onde antes parecia haver um beco sem saída. Além disso, a sálvia do deserto tem um aroma bem reconfortante e pode ajudá-la a se ancorar e a se sentir segura e protegida. Use-a como a sálvia branca, mas saiba que ela vai imbuir a sua casa de vibrações mais alegres e pode dar um rumo inesperado (e positivo) à sua vida. Lembre-se de terminar defumando seu corpo, para que a sua aura também receba os benefícios da planta.

Erva-doce Americana (*sweetgrass*)

Na forma de uma trança de longas folhas de capim seco, a erva-doce americana (Hierochloe odorata) é queimada como incenso. Você também pode encontrá-la na forma de incenso. Como fez com a sálvia, invoque o espírito da planta ao acendê-la e lhe agradeça por ter se oferecido para que você possa usá-la. Ela eleva as vibrações ao invocar a doce energia de anjos, fadas e outros seres de luz. Você não precisa andar ao redor de cada cômodo, apenas fique de pé no centro de cada um deles e mentalmente convide espíritos iluminados e prestativos a entrar.

Outros Defumadores

Você também pode defumar a casa com outros incensos. Os incensos de cedro e de olíbano atuam de modo semelhante à sálvia branca, elevando, purificando e impregnando o espaço com vibrações altamente espirituais. O incenso de copal ao mesmo tempo limpa o ambiente e invoca espíritos iluminados. O incenso nag champa invoca suavemente boas energias ao criar o tipo de vibração que atrai espíritos iluminados e dá um caráter espiritual ao ambiente. Basta queimar esses incensos num único local da casa durante a limpeza, pois já é o suficiente. (Vamos falar mais sobre defumação no Capítulo 10.)

Borrifo

Borrife uma área da sua casa com água de rosas, para inundá-la de amor, doçura e vibrações elevadas. Você também pode fazer ou comprar um *spray* natural feito com um ou mais óleos essenciais para limpar e elevar o ambiente. Limão, laranja, tangerina, alecrim, hortelã-pimenta, cedro, eucalipto e lavanda são boas opções. No Capítulo 10, você encontrará uma lista mais completa de óleos e *sprays* mágicos e aromaterapêuticos.

Visualizações

Visualização do Aspirador

Se você dispuser de apenas um minuto ou tiver hóspedes em casa e não quiser expor seus métodos mágicos de purificação do espaço, você pode fazer essa limpeza mental rápida (mas poderosa). Sente-se com a coluna ereta e relaxe. Feche os olhos e respire fundo algumas vezes. Quando estiver pronta, visualize uma esfera de luz branca muito brilhante preenchendo e abrangendo completamente sua casa. Veja, sinta ou imagine essa luz impregnando as paredes e objetos e transformando tudo em luz. Agora, visualize um imenso aspirador de pó feito de luz se movendo por essa esfera e aspirando qualquer energia sombria, estagnada ou negativa. Gosto de visualizar algo como a mangueira de um aspirador cósmico descendo do céu, mas você pode imaginar seu aspirador com a aparência que quiser, desde que seja uma imagem poderosa para você.

Visualização dos Elementos

Se preferir, incorpore os elementos Terra, Ar, Fogo e Água na sua visualização para a purificação de espaço. O método a seguir é uma boa opção. Relaxe e entre em contato com o elemento Terra. Pense no cheiro de terra fresca e limpa depois da chuva ou na sensação da terra fria sob os pés descalços. Depois que se sentir conectada com esse elemento, visualize a terra sob a sua casa. Visualize toda a negatividade descendo e sendo absorvida pela terra abaixo, onde ela vai ser convertida em adubo e purificada. A seguir, conecte-se com o elemento Ar. Imagine o vento soprando nas árvores ou imagine que é um pássaro voando no céu. Quando se sentir conectada com o elemento Ar, visualize ou sinta uma brisa fresca e pura soprando através da sua casa toda, descolando e levando embora a energia estagnada e pesada, enquanto enche o ambiente com uma luz vibrante como a do amanhecer. Então entre em contato com o elemento Fogo. Imagine um fogo devastador varrendo uma planície ou uma fogueira enorme rugindo num acampamento. Quando se sentir pronta, visualize uma energia ígnea flamejante movendo-se pela casa, queimando e purificando toda a negatividade. Por fim, entre em contato com a energia da Água. Recorde-se do som, do cheiro e da aparência das ondas do mar ou imagine-se nadando nas profundezas do oceano. Quando se sentir em sintonia com a água, envie ondas refrescantes de água do mar através da casa toda e perceba que elas estão levando embora, de modo suave e poderoso, toda a negatividade. Ao terminar, agradeça a cada elemento individualmente, relaxe por alguns minutos e abra os olhos.

• •

Purificação Energética Completa

Quanto mais cuidar da casa usando a magia, mais em sintonia você vai ficar com a energia dela. Assim como você sabe que é hora de tomar uma boa chuveirada, vai saber quando sua casa precisar de uma boa faxina energética. Mas, em geral, convém fazer uma limpeza completa como a descrita a seguir pelo menos uma vez por mês. Desobstruções rápidas (algo informal como bater palmas ou defumar a casa) podem ser feitas uma vez por semana. E, se você for como eu, vai querer fazer uma visualização de purificação do espaço todos os dias, como parte da meditação diária.

INGREDIENTES:

Uma vela branca de soja ou de cera vegetal ou uma vela de *réchaud* (*tealight*) para cada cômodo e área da casa (como corredores e escadas)

Um prato pequeno ou castiçal em forma de pires para cada cômodo

Sal marinho

Uma trouxinha de sálvia branca (ver pág. 51)

Água de rosas num borrifador

Opcional: uma sineta ou carrilhão

Reúna todos os ingredientes num lugar central da casa. Se quiser, pode fazer uma prece sobre os ingredientes, pedindo que eles sejam carregados com sua intenção de purificar a energia do ambiente. Então, se quiser, pode visualizá-los sendo impregnados com uma luz branca bem brilhante.

No cômodo em que você estiver, coloque uma vela no pratinho ou castiçal, num ponto central do cômodo. Faça um círculo de sal ao redor do pratinho ou castiçal e acenda a vela. Repita o processo em todos os cômodos. O fogo da vela vai queimar, dissipando toda a negatividade e energia estagnada, ao passo que o sal absorverá qualquer excesso.

Volte ao primeiro cômodo e comece a bater palmas com vigor em volta do espaço, prestando especial atenção aos cantos, pontos escuros e qualquer outro lugar que você ache que pode ter energia bloqueada ou estagnada. Repita em cada cômodo e cada área. Isso vai soltar a energia estagnada e permitir que ela se dissipe.

No primeiro cômodo, abra todas as janelas (se você abrir apenas uma fresta, tudo bem), então acenda a trouxinha de sálvia branca e agite-a até que a chama se apague e só haja fumaça. Ande ao redor dos cômodos, espalhando a fumaça para dissipar a negatividade e elevar as vibrações. Repita em cada cômodo e em cada área, e apague a sálvia com água, colocando-a num jarro e fechando, ou sob um copo virado ao contrário.

Agora, volte ao primeiro cômodo e feche as janelas. Ande ao redor do espaço, borrifando a água de rosas para elevar as vibrações, adicionando doçura ao ambiente e purificando a energia. Repita isso em cada cômodo e cada área.

Opcional: faça soar o carrilhão ou a sineta em cada cômodo/área para purificar, harmonizar e impregnar cada um deles com um tom vibratório mais elevado.

Deixe que as velas de *réchaud* queimem até o fim ou, se precisar se ausentar, deixe que queimem durante o tempo que puder e depois as apague. Você pode usar as velas que sobrarem no seu aromatizador ou, se tiver sobrado bastante, pode usá-las da próxima vez que realizar uma purificação completa do espaço.

Jogue o sal no vaso sanitário e dê descarga ou despeje-o na pia. Lave bem os pratinhos antes de usá-los para outras coisas.

Termine tomando um banho de chuveiro ou de banheira para purificar a sua energia, e depois coma algo com carboidratos complexos, como maçã, banana, arroz, cereal, nozes ou feijão. O banho vai limpar a sua aura e qualquer negatividade que você tenha absorvido, e o alimento vai ancorá-la após seu trabalho mágico.

4

Os Centros de Poder da Casa

EM TODAS AS CASAS, existem pontos-chave: locais de poder e oportunidade para intensificar e preservar a potência da magia que flui entre as paredes e ao redor delas. Este capítulo ensina como ter consciência desses pontos e dispor os móveis e peças de decoração da casa de acordo com eles.

Planta Baixa Mágica da Casa

As casas, assim como os corpos, têm auras, ou campos de energia. Dentro desses campos de energia existem áreas específicas, os chamados "centros de poder", que correspondem a áreas específicas da nossa vida. Isso é bem parecido com o sistema de chakras do corpo. A disposição dos centros de poder deriva dos ensinamentos do feng shui, e o feng shui deriva de um instrumento universal mágico matemático denominado quadrado mágico. No I Ching (considerado o livro mais antigo do mundo), o quadrado mágico é chamado de *lo shu*, e na magia cerimonial é chamado de quadrado de Saturno.

Mapa dos Centros de Poder

Gratidão e Prosperidade	Esplendor e Reputação	Amor e Casamento
Saúde e Relacionamentos Familiares	Sinergia, Equilíbrio e Felicidade	Criatividade e Diversão
Serenidade e Autoestima	Carreira e Trajetória de Vida	Sincronicidade e Milagres

↑ Entrada Principal ↑

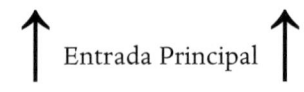

Análise da Planta Baixa

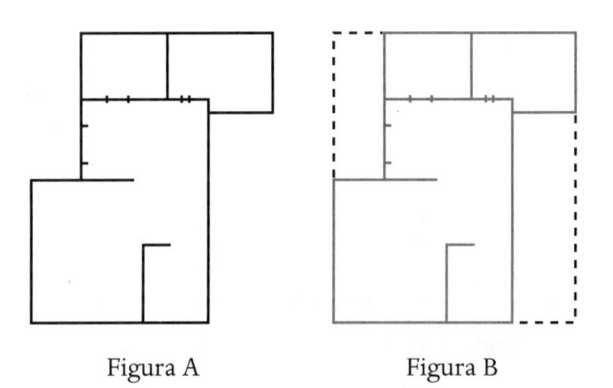

Figura A   Figura B

Se quisermos cuidar da nossa casa usando magia, precisamos saber onde estão esses centros de poder, para que, sempre que possível, possamos escolher a função de um cômodo e sua decoração de acordo com eles. Por exemplo, se você tiver um cômodo na área do amor e do casamento que puder ser um escritório ou um dormitório, é melhor torná-lo um dormitório. Você também pode usar seu conhecimento dos centros de poder para decorar a casa de um jeito que fortaleça suas intenções mágicas. Por exemplo, pode colocar uma manta de um verde exuberante na área da gratidão e da prosperidade para melhorar sua vida financeira, ou imagens românticas na área do amor e do casamento para incrementar a sua vida amorosa. E, depois que conhecer os centros de poder da sua casa, você pode intensificar o poder da sua magia colocando objetos mágicos como talismãs, cristais ou altares (que serão descritos em capítulos posteriores) nas áreas que correspondem mais aos propósitos desses objetos.

Está pronta para descobrir os centros de poder da sua casa? Pois, então, vamos lá!

- Providencie ou desenhe, em escala, a planta baixa da sua casa ou apartamento. Não há necessidade de incluir as janelas ou a disposição da mobília, mas a planta deve incluir: sacadas, lajes cobertas ou mezaninos, deques ou varandas e garagens (ver Figura A, à esquerda).
- (Pule este passo se a sua planta baixa for um retângulo ou um quadrado perfeito). Usando uma régua e um lápis, estenda os cantos mais distantes de cada lado da planta principal da casa, de modo que a planta inteira esteja contida num retângulo ou num quadrado perfeito (ver Figura B, à esquerda).
- Agora, usando a régua, divida cada lado do quadrado ou do retângulo em três partes iguais. Usando essas medidas como guia, desenhe um jogo da velha sobre a planta baixa, dividindo-a em nove quadrados iguais.
- Localize a porta da frente (a projetada pelo arquiteto, não a que você usa mais) e desenhe uma flechinha para indicar a direção que as pessoas tomam quando entram na casa. Vire a

folha de papel de ponta-cabeça se necessário, de modo que a flecha na porta da frente aponte para cima (ver abaixo).

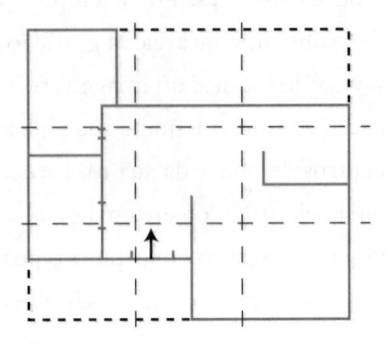

- Consulte o diagrama da página seguinte e anote o nome dos centros de poder em cada quadrado. (*Observação*: se a casa tiver mais de um andar, saiba que cada centro de poder continua diretamente acima ou abaixo dos centros de poder do piso principal.)

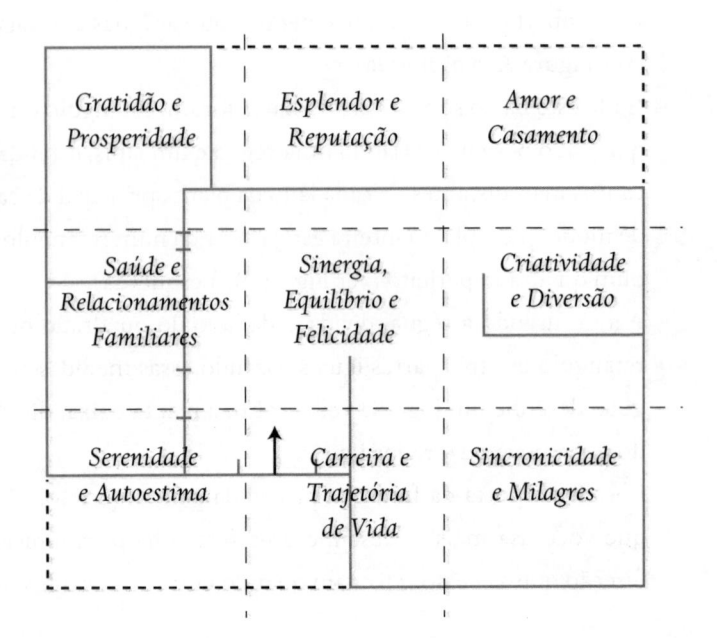

Gratidão e Prosperidade	Esplendor e Reputação	Amor e Casamento
Saúde e Relacionamentos Familiares	Sinergia, Equilíbrio e Felicidade	Criatividade e Diversão
Serenidade e Autoestima	Carreira e Trajetória de Vida	Sincronicidade e Milagres

Assuntos Relacionados a cada Centro de Poder

Amor e Casamento: romance

Carreira e Trajetória de Vida: perfeita sintonia com a sua verdade interior e o propósito da sua vida

Criatividade e Diversão: alegria, caprichos, fertilidade, bebês e crianças, projetos novos, criatividade prolífica

Esplendor e Reputação: como você é vista e conhecida no mundo

Gratidão e Prosperidade: riqueza, luxo e a sensação de que você está perfeitamente segura e tem tudo de que precisa

Saúde e Relacionamentos Familiares: saúde física, ciclos da vida, família, anciãos e antepassados

Serenidade e Autoestima: quietude, meditação, exercícios, descanso, estudo prazeroso

Sincronicidade e Milagres: conexões vantajosas, viagens seguras, assistência divina

Sinergia, Equilíbrio e Felicidade: o centro da roda da vida e a combinação e mistura de todas as energias

A Porta da Frente

As portas são locais extremamente mágicos, especialmente as que levam você de um reino a outro. E a porta da frente faz exatamente isso, não só porque separa o exterior do interior, mas também porque, visto que você cuida da sua casa usando a magia, ela existe num plano elevado da existência, que é um reino mágico por si mesmo. Por essa razão, a porta da frente da sua casa é (como diz a autora Terah Kathryn Collins) im-*porta*-ntíssima. É uma ferramenta mágica para atrair bênçãos de todos os tipos para dentro do seu lar. E também determina a qualidade, a quantidade e a vibração da energia que entra.

(*Observação*: se você mora em apartamento e tem pouca liberdade para mudar a aparência exterior da sua porta, não se preocupe! Faça o que puder. Há muitos outros modos de invocar a energia mágica para dentro da sua casa.)

Desobstrua a Passagem

A energia flui como água do exterior para o interior da casa pela porta da frente. Tendo isso em mente, examine se existe algo bloqueando o fluxo. Só para lhe dar uma ideia do que estou falando, algumas das coisas a seguir podem obstruir o livre fluxo de bênçãos em sua casa e em sua vida:

- Um grande vaso de plantas bloqueando parcialmente a visão da porta, da perspectiva de quem está na rua
- Uma estátua de anjo de pedra, que você precisa contornar para entrar, se não quiser bater o calcanhar nela nem dar uma topada com o dedão do pé
- Uma mesa que não permite que se abra a porta completamente.

O ideal é que a porta da frente e o caminho que leva até ela não estejam bloqueados ou abarrotados de móveis. Além disso, a porta deve estar livre para realizar seu movimento completo. Isso desobstrui a passagem para que uma porção saudável de energia positiva (o que significa bênçãos, abundância, felicidade etc.) entre na sua casa.

Deixe a Porta Tinindo!

É ótimo se sua porta da frente for bonita, encantadora e inspiradora. Você pode, por exemplo, pintá-la com uma cor vibrante, escolhida com base nas correspondências mágicas das cores. Eis algumas dicas sobre as cores:

Azul Royal: considerada a cor típica da porta de quem pratica magia. Traz para a casa uma vibração profunda, fluida, extravagante e sobrenatural.

Vermelho: A cor clássica para portas, do ponto de vista do feng shui; cor protetora e energizante. Invoca bênçãos e celebrações.

Verde ou verde-azulado: Essas cores atraem riqueza e prosperidade para sua entrada. Também promovem a saúde.

Preto: Essa cor de porta é poderosa e forte. O preto confere força e autoridade aos moradores da casa e propicia uma sintonia mais profunda com a carreira ideal da pessoa.

Se a ideia de ter uma porta colorida não lhe agrada, você pode optar por uma porta que esteja de acordo com o seu senso pessoal de beleza e elegância de outra maneira, como um acabamento de madeira entalhado ou com vitrais coloridos, por exemplo. Ou, se tiver gostos simples e clássicos, uma porta branca ou cor de marfim será uma opção excelente – só se certifique de que seja a mais atraente possível. Se você for do tipo que gosta de um pouco mais de glamour (como eu – como adivinhou?), pode acrescentar espelhos ou cristais Swarovski.

Em suma, se sua porta da frente não é absolutamente encantadora, veja se encontra um jeito de realçá-la de um modo condizente com seu orçamento e estilo. E lembre-se de que a aparência da sua porta de entrada e o sentimento que ela desperta em você vão determinar a qualidade da energia e das bênçãos que você atrairá para sua vida.

É claro que, se as dobradiças rangem, você tem que lubrificá-las. Se a porta emperra ou se você precisa sacudir a chave toda vez que vai destrancá-la, isso é sinal de que precisa consertá-la. Se os vitrais estão sujos, lave-os. Afinal de contas, sua porta de entrada é um dos instrumentos mais poderosos da sua magia doméstica. Assim como você não gostaria de ter uma varinha de condão quebrada ou torta, não vai querer uma porta que não esteja em perfeitas condições.

Além disso, arranje um capacho que você ache lindo de morrer! Melhor ainda se ele for inspirador e pareça sempre lhe dar boas-vindas, pois assim vai elevar seu ânimo assim que você entrar em casa e evocar a energia mais positiva possível. E faça um favor a si mesma: não use um daqueles que ficam encharcados ou deixam fiapos pela casa toda! (Quando esses tipos vão ficar fora de moda, pelo amor de Deus? E como eles conseguiram *ficar* na moda?) É melhor escolher algum que seja bonito e ao mesmo tempo prático e fácil de lavar. Por exemplo, adoro capachos feitos de seixos de rio. Quer mais mágica do que isso? Eles são um convite para que uma energia pura e radiante entre na sua casa como um rio caudaloso.

Dê mais Vida à sua Casa!

Desde que não restrinjam o fluxo de energia (e de pessoas) na casa, um ou dois vasos de plantas pequenos ou de tamanho médio, ou estátuas de uma Deusa ou do Buda, fadas ou animais podem dar vida e colorido à energia que vai entrar na sua casa. Plantas e estátuas podem também servir como guardiões do seu lar ou dar as boas-vindas para qualquer pessoa que entre na casa.

Sinos de vento, se você gosta deles, purificam e elevam as vibrações e criam uma mudança energética positiva de um reino (o exterior) para o outro (o interior). Se resolver pendurar um sino dos ventos perto da porta de entrada, você pode abençoá-lo realizando um ritual como o descrito abaixo.

• •
Ritual para Conferir Poderes Mágicos ao Sino dos Ventos

Este ritual poderoso vai conferir poderes mágicos ao seu sino dos ventos, de modo que ele crie uma atmosfera de magia e milagres em sua casa e atraia as bênçãos divinas cada vez que soar. Devo avisá-la que, se você for uma madrugadora ou varar a noite acordada, pode achar este ritual meio difícil, pois, ao realizá-lo, você tem que ficar acordada até tarde e se levantar muito cedo. Mas acredite, vale a pena!

Escolha um sino dos ventos feito de metal e que produza um som que lhe agrade. Na *véspera* do dia em que a lua entrar na fase cheia, entre onze da manhã e duas da tarde, coloque o sino sobre um tecido branco limpo e deixe-o fora de casa, sob a luz do sol. Mantenha-o ali de 15 a 20 minutos. Isso vai purificá-lo e fortalecê-lo com a energia poderosa e benéfica do sol. Depois, embrulhe-o no tecido e leve-o para dentro de casa até a noite. Quando a lua aparecer, leve de novo o sino para fora e coloque-o sobre o tecido à luz da lua cheia. Deixe que ele fique ali de 30 a 45 minutos. Isso vai impregná-lo com a energia serena e receptiva da lua. Mais uma vez, embrulhe-o no tecido e leve-o para dentro. Acorde pouco antes do amanhecer no dia seguinte (o primeiro dia da lua cheia). Leve o sino para fora e prepare-se para pendurá-lo em algum lugar perto da porta da frente. Se possível, de frente para o sol nascente. Assim que o sol surgir no horizonte, pendure o sino. Então, olhe para ele enquanto diz:

> *Sol e lua juntos reverberem*
> *Das portas da noite até o amanhecer*
> *Bênçãos infinitas na minha casa imperem*
> *Ao som mágico do seu tanger.*

Abra a Porta

Se você raramente abre a porta de entrada, está restringindo a quantidade de energia e bênçãos que pode entrar na sua casa. Se não for conveniente para você usar a porta de entrada, habitue-se a abri-la diariamente ou quase todo dia, talvez para pegar a correspondência ou regar o jardim.

A Posição de Poder

Sempre que possível, sente-se num ângulo em que possa ver a porta principal do cômodo em que está. Também é bom ficar sentada a uma boa distância da porta, o que a ajuda a se sentir mais segura, mais lúcida e poderosa. Isso é especialmente importante em lugares onde você passa bastante tempo, como escrivaninhas ou sofás. Se não for possível, coloque um espelho de modo que possa ver atrás de você enquanto estiver sentada. Na sala de jantar e outros locais onde haja várias pessoas sentadas, todos vão se sentir mais seguros se pelo menos um adulto do grupo puder ficar de frente para a porta. Perceba isso da próxima vez que estiver num restaurante de costas para a porta. Num nível sutil, você está depositando sua confiança no(s) seu(s) companheiro(s) à mesa para "guardar suas costas".

Depois que identificar as posições de poder da sua casa, você vai perceber que sente mais poder e confiança em todas as áreas da sua vida.

O Dormitório

Quanto mais pesquisas são feitas sobre o sono, mais descobrimos como ele é importante para nós. Uma boa noite de sono é absolutamente fundamental para melhorar o nosso humor, habilidades motoras, reflexos e raciocínio. Não apenas isso, mas o período de sonhos é uma ponte para nosso Eu Superior, mensagens do Divino, soluções criativas de problemas e cura em muitos níveis. Assim, numa casa onde se pratica a magia, o quarto de dormir é um lugar para se renovar, revitalizar e restaurar, bem como para repousar nosso corpo enquanto a mente e o espírito recebem cura e mensagens de outros reinos. Como se isso não bastasse, o dormitório tem tudo a ver com romance. Quando nosso quarto se enche de paixão, receptividade e amor, o mesmo acontece com o nosso coração e relacionamentos. (Mesmo que você não esteja interessada num relacionamento, romance e receptividade são ingredientes necessários para você ter inspiração e alegria.) O sono e o romance, portanto, são duas das considerações mais importantes quando se trata de cuidados mágicos com o quarto de dormir, e devem ser levados em consideração.

Primeiro vamos falar da cama. Obviamente, ela deve ser bem confortável. Uma cama com uma cabeceira ampla é melhor porque nos transmite uma sensação de segurança e proteção. A madeira é o melhor material para a cabeceira, por causa do modo ao mesmo tempo leve e ancorado com que conduz a energia.

O ideal é que a cama toda, ou pelo menos o colchão e o estrado, sejam novos. E o colchão deve ser substituído no mínimo a cada quatro anos e depois de divórcios, separações e doenças graves e prolongadas, físicas ou mentais. Isso porque as camas absorvem e retêm energia de maneira poderosa e é importante não dormir sobre padrões velhos e desgastados, sejam seus ou de outras pessoas. Não apenas dormimos melhor assim, mas também evitamos vivenciar algum tipo de problema ou situação que não seja mais nosso – ou nunca foi, para começo de conversa. Se não for possível substituir a cama ou o colchão de imediato e você achar que pode estar dormindo sobre padrões velhos e negativos, então, sem a menor dúvida, você vai querer realizar o seguinte ritual de purificação da cama o mais rápido possível.

Ritual de Purificação da Cama

INGREDIENTES:

4 velas *de réchaud* brancas em recipientes de vidro
40 rosas brancas (ou ao menos uma dúzia)
Um borrifador com água de rosas

À noite, quando a lua estiver entre a fase cheia e nova, afaste a cama da parede e tire toda a roupa de cama. (Você pode aproveitar para colocá-la para lavar). Coloque uma vela no chão em cada um dos cantos do cômodo. Esteja atenta ao perigo de incêndio. Acenda cada uma delas e desligue as luzes elétricas. Espalhe as pétalas de rosa sobre o colchão sem lençóis. Fique de pé ao lado da cama, junte as mãos em posição de prece, feche os olhos e peça que quarenta anjos purifiquem a energia da cama e eliminem toda a negatividade. Visualize a luz das velas se expandindo até que toda a cama se transforme numa luz branco-dourada cintilante. Saiba que essa luz está queimando, expulsando e transmutando toda a energia velha e estagnada e substituindo-a por outra energia nova, cheia de frescor e vibração. Deixe que as velas queimem em segurança durante ao menos quarenta minutos. Então, retire as velas e pétalas e borrife o colchão e o estrado delicadamente com água de rosas. Enterre as pétalas ou espalhe-as ao pé de uma árvore. Desfaça-se das velas.

Outros Assuntos Relacionados a Camas

As roupas de cama são muito importantes; lençóis de fibras 100 por cento naturais são os mais saudáveis para você e para o planeta, além de serem mais confortáveis. Além disso, para ter mais qualidade de sono, é melhor que os lençóis sejam de uma cor só; para o romance, escolha uma cor cálida e terrosa, o que inclui qualquer tom de vermelho, laranja, cor-de-rosa, amarelo, marrom, bege ou um tom mais escuro de creme. Para algumas pessoas, cores mais vivas como vermelho, cor-de-rosa ou laranja podem ser excessivamente estimulantes, portanto escolha um tom mais fechado se você costuma ter problemas para dormir por ser muito agitada ou ansiosa. (Confira o apêndice para conhecer as propriedades mágicas específicas das cores.) Também escolha uma cor terrosa para o resto da cama. Tudo bem usar outras cores como azul, verde ou preto – só evite excessos; limite-se a umas duas almofadinhas sobre a cama ou uma manta.

Isso porque essas cores são frias e incompatíveis com o aconchego na cama ou o afeto no relacionamento.

Nem sempre há um lugar "perfeito" para a cama dentro do quarto. Mas procure um lugar que preencha o maior número possível dos requisitos a seguir. Se tiver que decidir entre um ou outro, considere as razões por trás de cada sugestão e siga seus instintos.

- Coloque a cabeceira contra uma parede sólida, porque janelas ou portas atrás enquanto você dorme podem fazê-la se sentir insegura. Se tiver que pôr a cama contra uma janela ou janelas, ou contra uma parede com janelas, pendure cortinas amplas e feche-as durante a noite.
- Coloque a cama de modo a poder ver a porta, mas não perto demais. Essa é a posição de poder (ver pág. 66).
- Coloque a cama de modo que os pés não apontem diretamente para a porta. Essa posição pode ser um pouco instável, como se houvesse um alçapão sob seus pés quando você se levanta. Uma porta em algum lugar da parede oposta aos pés seria perfeito, só evite que seus pés apontem diretamente para a porta. Se não houver alternativa, certifique-se de que a porta esteja fechada.
- Coloque a cama de modo que você tenha acesso a ambos os lados. Dessa maneira a energia flui ao redor dela de uma maneira saudável, você e seu parceiro ficam em pé de igualdade e haverá espaço para um parceiro caso você ainda não tiver um. Por essa mesma razão, recomendo ter duas mesinhas de cabeceira e dois abajures, um de cada lado, iguais ou de tamanho semelhante.

Uma última palavra sobre camas: não guarde nada embaixo delas. É importante que a energia flua de modo saudável ao redor e embaixo de você, quando estiver deitada. Quando há coisas embaixo da cama, a energia fica estagnada ali. Se você limpou toda a sua bagunça (ver Capítulo 1) e ainda assim acha que precisa da área embaixo da cama como depósito, use-a para guardar roupas de cama – e então, se começar a notar que nunca usa essas roupas, livre-se delas. Quanto menos você usa essas roupas de cama, mais estagnada fica a energia sob a cama.

Mais Dicas Importantes sobre Dormitórios

- Só coloque fotos do seu atual relacionamento (se tiver um). Fotos de outras pessoas são como se essa gente estivesse olhando para você enquanto está na cama; nem é preciso dizer que isso é muito desconfortável nos momentos de intimidade.
- Pendure quadros relaxantes e românticos.
- Não exagere na decoração, nos livros e nos enfeites. Enfeites demais podem distraí-la e sobrecarregar seus sentidos quando você está tentando dormir.
- Livre-se dos aparelhos de ginástica. Não são relaxantes ou românticos e há grande chance de você jamais usá-los, de qualquer maneira. E se de fato usá-los, você provavelmente vai querer voltar para a cama o tempo todo. Se eles precisarem mesmo ficar no quarto, cubra-os com uma cobertura bonita enquanto não estiverem em uso.
- Certifique-se de que a iluminação seja agradável.
- Jesus, Buda e a Virgem Maria são ótimos, mas, por favor, deixe-os fora do quarto. Isso vale para outras imagens e símbolos associados à castidade e/ou solidão, como a cruz cristã ou um lobo solitário.
- Se puder colocar sua escrivaninha em outro lugar, faça isso. É melhor limitar a atividade do seu quarto ao repouso e à intimidade.

- Se tiver problemas para dormir ou quiser melhorar a qualidade dos seus sonhos, tente fazer um encantamento com o descrito abaixo.

Talismã dos Sonhos para uma Boa Noite de Sono

Observação importante: Antes de criar este talismã, dê uma olhada no quarto e certifique-se de ter criado um espaço favorável a uma boa noite de repouso. Tire o excesso de objetos e mude de lugar as coisas que a façam se lembrar do trabalho ou de outras atividades cotidianas. Além disso, os espelhos são altamente energizantes e podem ser um pouco incômodos no escuro. Portanto, tente cobrir os espelhos à noite com lençóis ou toalhas de mesa ou, se isso ajudar, faça uma cortininha com lenços e a feche à noite, ou tire-os do quarto de uma vez por todas.

INGREDIENTES:

1 drusa pequena de ametista (também pode ser uma ametista rolada ou uma ponta de ametista)
Um retângulo de flanela branca (para saber o tamanho, ver abaixo)
Raiz seca de valeriana
Camomila desidratada
Óleo essencial de camomila
Agulha e linha
Uma vela branca (o ideal é de soja ou cera vegetal) num castiçal

Purifique a ametista colocando-a sob água corrente ou queime sálvia branca e defume em volta dela. (Ver Capítulo 6 para saber mais sobre purificação de cristais). Junte todos os ingredientes. Acenda a vela. Imponha a mão sobre os ingredientes e carregue-os com sua intenção, visualizando-os preenchidos com uma luz violeta. Saiba que essa é a cor do sono profundo e reparador e veja, sinta ou visualize os ingredientes pulsando e girando com essa energia. Então, costure uma almofadinha para a ametista. Faça-a de um tamanho em que a ametista possa descansar confortavelmente nela, como um gato em sua caminha. Encha a almofada delicadamente com a camomila e a valeriana e costure as bordas, fechando-a. Então coloque a ametista em cima da almofada. Segure a almofada com a ametista com as duas mãos e diga:

Luz violeta do sono profundo
Sonhos felizes e conforto fecundo
Envolvam este quarto quando eu adormecer
Enquanto sonho [sonhamos] até o amanhecer

Sinta a magia atuando e imagine a sensação maravilhosa de acordar descansada de uma boa noite de sono. Apague a vela e coloque o talismã perto da cama, de preferência na mesinha de cabeceira.

O Fogão

O fogão é um local poderosíssimo. É onde a abundância da terra na forma de alimento é aquecida e preparada para nossa nutrição. Nesse aspecto, ele simboliza a riqueza da família. Isso vale mesmo que você seja como eu e prefira comida crua, embora para veganos crudistas um desidratador de alimentos e/ou um liquidificador possam ser portadores de magia semelhante. Por esse motivo, é muito importante que o fogão esteja limpo, que todas as bocas funcionem e que ele esteja em bom estado de conservação. Também é importante fazer um rodízio das bocas, de modo que todas sejam utilizadas. Isso ativa o poder do fogão em toda a sua plenitude.

Quer você use o fogão ou não para cozinhar, preparar comida em casa é um ato extremamente mágico. Ele a conecta com a generosidade da terra e a enche de gratidão, pois ancora sua energia, faz com que você entre em contato com o seu corpo e deixe um pouco de lado os pensamentos, relaxando a mente. Você também pode fazer preces e dirigir energia positiva para os alimentos, que você então internaliza ao comê-los. Mas pelo fato de o fogão ser um lugar tão poderoso na casa, se você não o usa para cozinhar, pense em comprar uma chaleira e use as bocas regularmente para fazer chá.

Além disso, se possível, pendure um espelho na parede acima do fogão. Isso energiza a cozinha, ajuda você a se sentir mais segura enquanto prepara os alimentos (o que deixa a comida com vibrações mais positivas), e simbolicamente multiplica a energia positiva do fogão. E mantê-lo limpo é mais fácil do que você imagina.

Se quiser, pode ativar e intensificar a energia do fogão colocando uma vela acesa ou uma fruteira com laranjas sobre ele, quando não estiver usando. Com uma simples prece ou invocação, você pode fortalecer a vela ou a fruteira com uma intenção específica, como aumentar a abundância ou a felicidade da família. Também pode usar o poder do fogão para evocar sorte e abundância (e biscoitos deliciosos), ao realizar o seguinte ritual.

· ·
Ritual dos Biscoitos de Aveia para Sorte e Prosperidade

A receita usada neste encantamento é minha receita culinária favorita e foi adaptada do livro *The Garden of Vegan*, de Tanya Barnard e Sarah Kramer. Todos adoram esses biscoitos, sejam veganos ou não.

INGREDIENTES:

¾ de xícara de trigo-vermelho ou de farinha de trigo integral
½ xícara de açúcar orgânico

2 xícaras de flocos de aveia
½ colher de chá de bicarbonato de sódio
½ colher de chá de fermento em pó
¼ de colher de chá de canela
½ colher de chá de sal
⅓ de xícara de tofu de consistência semifirme
⅓ de xícara de óleo de canola
½ xícara de néctar de agave ou xarope de bordo
1 colher de sopa de extrato de baunilha
1 xícara de gotas de chocolate

Preaqueça o forno a 350 graus. Assim que ligar o botão para preaquecê-lo, coloque as mãos espalmadas acima do fogão e diga:

Neste momento invoco e ativo as energias da sorte, da prosperidade e as que sustentam a vida e vivem dentro deste fogão.

Numa tigela grande, misture a farinha, o açúcar, a aveia, o fermento em pó, a canela e o sal. Num liquidificador ou processador, misture o tofu, o óleo, o agave ou o xarope e a baunilha. Despeje a mistura do tofu na mistura da farinha e mexa no sentido horário. Ao mexer, repita mentalmente ou em voz alta as palavras "saúde, riqueza, alegria, abundância, sorte", várias vezes, até que a mistura fique homogênea.

Adicione as gotas de chocolate e continue a mexer, repetindo mentalmente ou em voz alta: "A vida é doce e tudo está bem". Depois que as gotas de chocolate estiverem bem misturadas, acrescente colheradas cheias da massa numa forma untada e coloque-a no forno. Antes de fechar a porta, sopre três beijinhos para dentro do forno.

Deixe assar de 12 a 15 minutos ou até que as bordas dos biscoitos estejam marrons. Coma e divida com qualquer pessoa que você quiser abençoar com abundância e sorte. Se tiver o prazer de partilhar os biscoitos com outras pessoas, pode ser divertido não mencionar nada a respeito da natureza mágica deles e observar os efeitos que causam nos comensais, alguns dos quais vão ser, com certeza, quase imediatos.

A Lareira

A lareira era a televisão de antigamente. Era o ponto central, o lugar de reunião da família. Como o coração de uma casa, sua luz e calor traziam vida ao lar. Se você tem a sorte de ter uma lareira, sugiro que volte a dar a ela a mesma importância que lhe era conferida antigamente. Certifique-se de que esteja em boas condições de conservação e acenda-a várias vezes durante os meses de outono e inverno. Quando ela não estiver acesa, você pode pôr velas ou plantas dentro dela e à sua volta, para manter viva sua energia.

Para equilibrar a energia do fogo, ativar a área e reter a energia positiva dentro do espaço, pendure um espelho sobre a lareira, se possível. Além disso, não decore a área ao redor da lareira com flores secas ou coisas que tenham a aparência de ser muito inflamáveis, pois ela pode parecer ressecada e gerar sensações de exaustão e sede.

A lareira é um lugar excelente para realizar rituais de expulsão, libertação e purificação. Se você tiver um hábito arraigado, uma crença limitante, uma situação problemática ou desafios recorrentes dos quais está farta e gostaria de banir de uma vez por todas da sua vida, você pode experimentar fazer o ritual a seguir.

• •
Ritual de Banimento ao Pé do Fogo

Uma noite em que estiver sozinha em casa, em qualquer período entre a lua cheia e a lua nova, à meia-noite, se possível, acenda a lareira ou um fogareiro. Numa folha de papel, escreva ou desenhe algo que represente o problema, crença ou situação que você gostaria de banir. Faça o desenho de modo que ele seja realmente significativo para você. Por exemplo, quando era mais jovem, fui ameaçada por alguém que portava uma arma. Durante um tempo eu sentia medo até de sair sozinha de casa. Depois de um ano vivendo com esse medo paralisante, decidi que era hora de banir o poder que essa lembrança tinha sobre mim. Assim, antes de realizar esse ritual da lareira, desenhei a figura do homem que tinha me ameaçado, com o revólver e tudo mais. Tentei fazer o desenho o mais assustador possível para que ele realmente representasse o poder que esse homem ainda parecia exercer sobre a minha mente. Você também pode escrever um poema ou um trecho do seu diário, arranjar uma foto sua que represente o problema ou só escrever uma ou mais palavras, como "culpa", "viciada em comer" ou "medo de ficar sem dinheiro".

Depois de fazer isso, fique de pé na frente do fogo enquanto segura o desenho nas mãos. Reflita alguns instantes sobre o problema. Sinta-o em suas mãos, tornando-se muito pesado e incômodo. Sinta que fardo é tê-lo em seu campo de energia. Traga à tona as emoções associadas à questão e fique realmente cansada de carregá-las consigo o tempo todo. Então, dirija a atenção para as chamas. Sinta como elas são purificadoras e brilhantes. Contemple a capacidade delas de imediatamente transformarem o que é velho, triste e sem vida em energia e luz poderosas. Então jogue o desenho nas chamas e observe-o arder. Saiba que a negatividade dele agora está sendo poderosamente transmutada em seu benefício. Sinta-se leve e livre e saiba que você não mais carrega o peso da questão ou do problema. Expresse gratidão às chamas. A seguir, se tiver vontade, recomendo enfaticamente que você ouça uma música poderosa e dance perto do fogo para celebrar sua nova leveza e alegria. (Pode ser "We Will Rock You", do Queen, "I Will Survive", com Gloria Gaynor e "What I Got" do Sublime – mas, é claro, qualquer canção ou gênero que lhe agrade vai funcionar. Como alternativa, chamar um amigo percussionista será maravilhoso também.) Além disso, pelo fato de ter liberado tanta negatividade, você pode querer beber pelo menos um grande copo com água depois do ritual, para purificar as toxinas do seu corpo e campo de energia.

Aparelhos de TV

Para mim, um televisor exageradamente grande sempre parece arruinar a vibração mágica de uma casa. Se algum membro da família insistir numa tela gigantesca, veja se pode deixá-la no salão de jogos ou no escritório, de modo que não tenha que desistir da sala de estar e deixá-la para as cabeças falantes, mães dramáticas e patrocinadores.

Além disso, aconselho-a enfaticamente a cobrir todas as TVs quando estiverem desligadas. Pode ser com uma capa feita especialmente para isso ou um simples tecido ou echarpe. Mesmo quando a TV está desligada, ela traz uma sensação não mágica ao cômodo. É como um ponto morto, e pode criar sensações sutis de solidão e incompletude até ser ligada. Como você pode imaginar, isso nos leva a assistir televisão em excesso. Como alternativa, às vezes gosto de deixar minha TV descoberta, mas coloco um DVD de uma lareira acesa ou de uma paisagem submarina. Isso cria um ponto de concentração interessante e sereno que parece vivo, mas não opressor.

5
O Fortalecimento dos Três Segredos

O FORTALECIMENTO DOS TRÊS SEGREDOS é basicamente a imagem estereotipada de um mágico fazendo truques de mágica. Com grande autoridade e poder, o mágico move uma varinha ou a mão ou um olho de uma certa maneira. Este é o segredo número um: o gesto. Ao fazer isso, a pessoa profere uma ou várias palavras mágicas – também conhecidas como segredo número dois: a vocalização. Mas, é claro, a pessoa deve simultaneamente se concentrar e esperar com fervor o resultado pretendido, o que nos leva ao segredo número três: a visualização/expectativa. Vamos analisá-los em detalhes daqui a pouco, mas, recapitulando, os "segredos" que compõem o fortalecimento dos três segredos são:

1. Gesto
2. Vocalização
3. Visualização/Expectativa

Embora o termo "fortalecimento dos três segredos" seja originário da escola tibetana de feng shui Chapéu Negro, a prática, na verdade, é comum a todas ou pelo menos à maioria das tradições mágicas. Quando se trata de magia para cuidar da casa, o fortalecimento dos três segredos é usado para imbuir magicamente os objetos, a disposição dos móveis e as melhorias que você fizer na casa com o poder magnético das suas intenções.

Saiba o Que Você Quer

Em primeiro lugar, deixe clara e registre sua intenção. Por exemplo, digamos que você tenha acabado de colocar uma estatueta romântica no canto do amor e do casamento e gostaria de fortalecê-la com a intenção de atrair um relacionamento amoroso sério para a sua vida. Assim, para deixar clara e registrar sua intenção, escreva no tempo presente (como se já fosse verdade) exatamente o que você gostaria de manifestar, talvez algo como: "Neste momento, estou vivendo uma relação amorosa com um parceiro que me incentiva e me apoia em tudo da maneira mais perfeita". (Observação importante: nesse caso, você deixa a identidade dessa pessoa a cargo do universo, porque não é ético manipular metafisicamente outras pessoas, além do que o resultado será muito melhor desse jeito.) Você também pode fortalecer áreas ou cômodos inteiros, ou até a casa toda com o ritual dos três segredos. Por exemplo, você pode fortalecer sua área da gratidão e da prosperidade com a seguinte intenção: "Constantemente recebo abundância de uma Fonte Infinita", ou pode fortalecer a casa toda com a intenção "Paz, harmonia e felicidade estão agora constantemente presentes entre essas paredes". Também gosto de fortalecer a porta da frente com a seguinte intenção: "Agora convido a saúde, a riqueza, a felicidade, a gratidão e o amor a fluírem para a minha vida em abundância". Não há limites para o que você pode fazer com os três segredos.

Depois que tiver deixado clara sua intenção e decidido o que gostaria de fortalecer, você pode escolher um gesto e uma vocalização para combinar com a intenção. A seguir você vai encontrar uma série útil de gestos e vocalizações de várias tradições diferentes. Se tiver experiência com magia ou se utiliza gestos e vocalizações de uma prática ou tradição diferente (como o yoga), sinta-se à vontade para escolher os gestos e as vocalizações com as quais está acostumada. Conforme avança nesse processo de escolha, você pode experimentar gestos e vocalizações diferentes para descobrir quais lhe parecem mais poderosos. Depois que tiver escolhido, anote suas escolhas abaixo de sua intenção para tê-las todas num mesmo lugar antes de eu explicar como reuni-las, o que juro que farei em poucas palavras.

Gestos

Posição de Prece

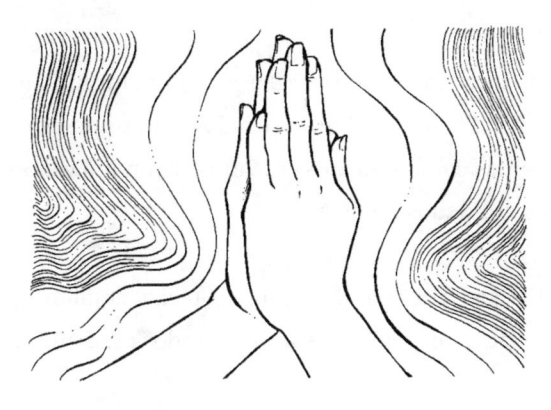

Mãos unidas na altura do coração, palmas e dedos estendidos, dedos apontados para cima.

Eficaz para: manifestação, equilíbrio, poder sereno, atrair a ajuda do Divino e do seu Eu Superior.

É um gesto bom para todas as finalidades e está presente em muitas tradições.

Mudra da Bênção

Palmas para cima, as bordas das palmas se tocando na altura dos dedos mínimos. Dedos mínimos cruzados com os polegares segurando as suas pontas. Dedos médios cruzados, dedos indicadores segurando as pontas dos dedos médios.

Eficaz para: manifestação, proteção, equilíbrio, sincronicidade, amparo do Divino em todos os assuntos.

Mudra da Expulsão

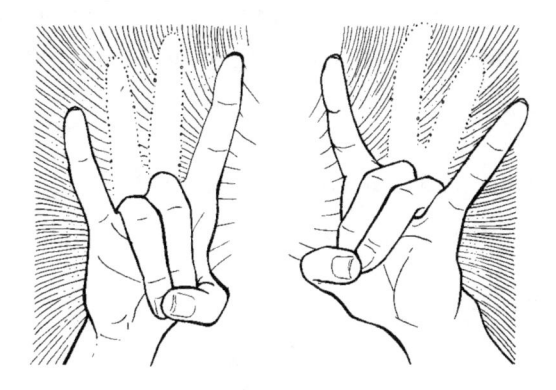

Com as palmas voltadas para baixo, segure os dedos anelares e médios sob os polegares, com os indicadores e os dedos mínimos estendidos. Erga várias vezes os anelares e médios.

Eficaz para: remover obstáculos, banimento e abrir caminho para o sucesso.

Mudra para Acalmar o Coração

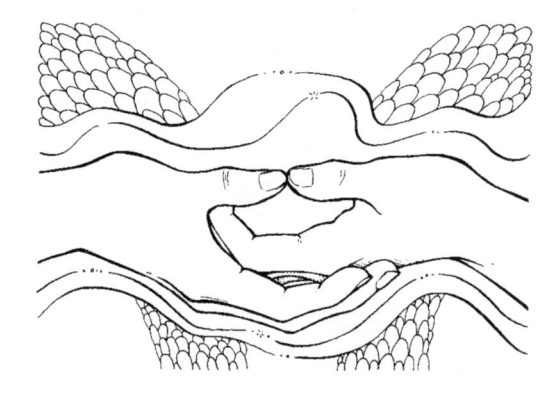

Mãos levemente em concha, a esquerda sobre a direita, os dedos da mão esquerda apontando para a direita e os dedos da mão direita apontando para a esquerda, as pontas dos polegares se tocando levemente.

Eficaz para: serenidade, clareza, harmonia, alegria, consciência.

Mudra Guiana

Palmas para cima, a parte superior dos braços junto ao corpo, os antebraços estendidos num ângulo de 45 graus de cada lado, polegar e indicador de cada mão se tocando, os outros dedos esticados e unidos.

Eficaz para: receptividade, força interior serena.

Mudra Guiana Ativo

Como o mudra guiana, mas com os indicadores dobrados sob os polegares.

Eficaz para: poder ativo, autoridade calma, confiança.

Mudra Buddhi

Como o mudra guiana, mas com os polegares tocando os dedos mínimos em vez de os indicadores.

Eficaz para: comunicação e conexões harmoniosas com os outros, tanto no mundo visível quanto no invisível.

Mudra Júpiter

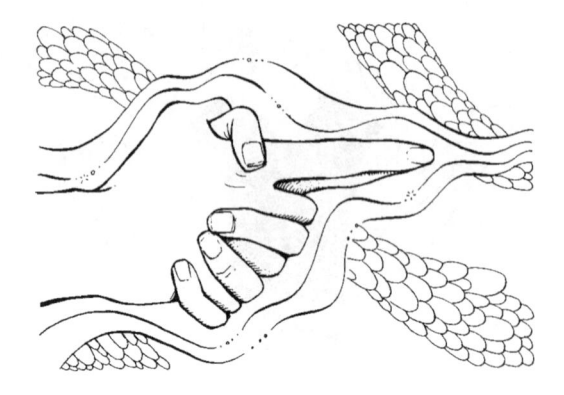

Dedos entrelaçados, polegares cruzados, indicadores esticados e se tocando.

Eficaz para: concentração, confiança, superação de obstáculos, dissolução de barreiras.

Postura da Deusa

Pés afastados na distância dos quadris, braços estendidos para cima formando um V, dedos estendidos e unidos, palmas para dentro e para cima, de modo que as mãos sejam uma continuação da linha dos braços.

Eficaz para: evocar e/ou incorporar a energia divina feminina, invocando a Deusa em qualquer uma de suas diversas formas.

Postura do Deus

Calcanhares se tocando, mãos fechadas em punhos, cruzadas sobre o peito, palmas voltadas para dentro.

Eficaz para: evocar e/ou incorporar a energia divina masculina, invocando Deus em qualquer uma de suas diversas formas.

Mãos em Concha Transbordantes

Coloque as mãos em concha, com os dedos mínimos se tocando e as palmas voltadas para cima. Visualize e sinta bênçãos abundantes em forma de uma luz branco-dourada cintilante se derramando do alto, enchendo suas mãos em concha e transbordando.

Eficaz para: manifestar abundância, com a certeza de que você está segura e sendo provida, aprendendo a receber com graciosidade.

Posição do Reiki

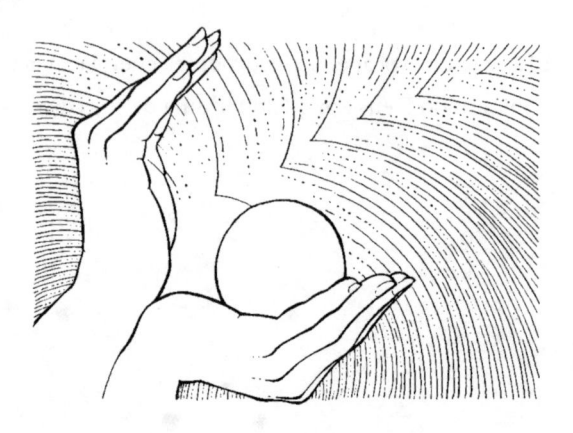

Coloque as mãos ligeiramente em concha e vire as palmas para fora em direção ao objeto ou área que você quer fortalecer, visualizando e sentindo a cristalina luz universal com cintilações de arco-íris fluindo para o topo da cabeça, descendo para o coração e saindo pelas palmas das mãos.

Eficaz para: fortalecer objetos ou áreas com a luz e o amor universais, o que traz exatamente o necessário para cura, manifestação, equilíbrio e harmonização com o Divino.

Vocalizações

Depois de decidir sua intenção e seu gesto, é hora de selecionar uma vocalização que combine com eles e a faça se sentir fortalecida. Eis a seguir algumas ideias.

Afirmações e Rimas

Uma opção bem simples seria usar sua intenção declarada como vocalização em forma de afirmação. Em outras palavras, expresse a sua intenção assim: "Tenho neste momento uma relação amorosa, apaixonada e satisfatória com um parceiro que me admira e me apoia de todas as maneiras possíveis". Pelo fato de estar no presente, como se já fosse verdade, é uma afirmação construída de forma perfeita e, vocalizada, seus poderes são duplicados, de modo simples e eficaz.

As rimas são mágicas e, se elas lhe parecerem especialmente poderosas, é também uma boa opção no seu caso. Usando a intenção acima mais uma vez como exemplo, você poderia compor uma vocalização assim: "Não há melhor prova: nosso amor é verdadeiro e a paixão sempre se renova". Uma vantagem da rima é que ela traz um quê de diversão e alegria, o que abre muitas portas e confere uma qualidade lúdica à magia e seus efeitos.

Nomes para o Divino

Você também pode escolher um nome divino para a sua vocalização. Basta dizer conscientemente o nome de uma divindade específica para poder invocá-la, bem como suas qualidades e poderes. Eis algumas divindades poderosas cujos nomes você pode querer invocar para objetivos específicos. Naturalmente, sinta-se à vontade para escolher divindades que não estejam nesta lista.

Forseti: O deus nórdico da imparcialidade e da justiça. Forseti promove a resolução imparcial, justa e rápida de disputas e assuntos legais.

Ganesha: A divindade de cabeça de elefante da tradição hindu. Ganesha oferece a remoção muito eficaz de obstáculos e abre o caminho para o sucesso.

Ísis: Uma deusa egípcia muito estimada, quase sempre retratada com asas. Os dons de Ísis incluem o poder e a força femininos, o equilíbrio e a harmonia relativos às responsabilidades e realizações equilibradas com relaxamento e receptividade.

Krishna e Radha: Os amantes divinos da tradição hindu. Krishna e Radha nos infundem as energias do amor romântico, harmonioso e apaixonado.

Lakshmi: A linda deusa hindu da prosperidade, quase sempre retratada dentro ou perto de um rio com elefantes. Lakshmi pode nos dotar de riqueza, abundância e luxo.

Maitreya: O Buda obeso e feliz que sempre vemos nos restaurantes chineses. As dádivas de Maitreya incluem abundância, alegria permanente e confiança no Divino. Ele também é chamado de Hotei ou Buda Sorridente.

Miguel: O chefe dos arcanjos com a espada flamejante. Miguel traz purificação e proteção poderosas, sincronicidade e confiança.

Quan Yin: A contraparte feminina de Buda. Quan Yin traz serenidade, espiritualidade, pureza e amor gentil.

Rafael: O arcanjo do ar e o médico divino. Rafael ajuda com a saúde e a cura da mente, do corpo e das emoções.

Santa Marta: A santa católica muitas vezes retratada com um dragão. Santa Marta propicia harmonia e felicidade na família e na casa.

Iemanjá: A linda deusa iorubá do oceano e da maternidade. Iemanjá traz uma profunda sintonia com o seu verdadeiro eu e sua verdadeira vocação, ajuda a manifestar os desejos mais profundos do seu coração e a libertação, de modo suave e eficaz, daquilo que já não serve mais a você ou aos seus objetivos.

As Seis Palavras Verdadeiras

As seis palavras verdadeiras são "Om ma ni pad me hum". Essa é uma boa opção de vocalização para todas as finalidades, já que ela evoca o amor universal/energia da luz para curar, abençoar e fortalecer da maneira exata de que mais precisamos. Elas são intraduzíveis e consideradas extremamente poderosas.

Aham Prema

Aham prema significa "Eu sou amor divino". A expressão abre e equilibra o chakra do coração, harmoniza relacionamentos, atrai o verdadeiro amor e aumenta a receptividade e a generosidade.

Ong So Hung

Ong so hung significa "Criador, sou vosso!" É uma boa escolha se você quiser despertar a centelha divina interior para se sentir feliz, saudável, poderosa e livre, e para manifestar um ou todos os desejos verdadeiros do seu coração.

O Mantra Siri Gaitri

O mantra siri gaitri é "Ra ma da sa, sa say so hung." Ele evoca o sol, a lua, a terra e o infinito e os congrega na totalidade do seu ser. Escolha essa vocalização para obter a cura em todos os níveis, para entrar em sintonia profunda com o Tudo O Que É, para ter harmonia, equilíbrio, alegria profunda, e ativar e utilizar a totalidade do seu poder mágico.

O Mantra Guru

O mantra guru é "Wahe guru," e é uma exclamação intraduzível de deslumbramento ante a natureza infinita, bela e misteriosa do Divino. Ele abre possibilidades e atrai situações com vibrações de altíssima espiritualidade.

Em Suma

(1 Gesto + 1 Vocalização + 1 Visualização = Os Três Segredos)

Para realizar o fortalecimento dos três segredos, é importante que você se sinta calma, despreocupada, positiva e confortável. Por esse motivo, seria bom tomar um banho antes e vestir roupas confortáveis. Também é importante que a casa esteja limpa e organizada, e que a energia tenha sido purificada recentemente.

Fique de pé perto do objeto ou da área que quer fortalecer com sua intenção. Respire fundo algumas vezes e relaxe. Então comece a se concentrar na intenção. Visualize e sinta as sensações que combinam exatamente com a experiência que você quer ter. Depois, faça o gesto, feche os olhos e, com confiança e força na voz, repita a vocalização um número predeterminado de vezes*. (Três e nove são escolhas muito usadas e eficazes, mas escolha um número que lhe pareça apropriado.) Quando tiver acabado a vocalização, com os olhos ainda fechados, mais uma vez visualize com toda a força do seu ser e sinta que sua intenção já se concretizou. Por exemplo, se for sua intenção manifestar abundância, você pode visualizar a si mesma depositando cheques altíssimos na sua conta bancária, saindo para comer nos seus restaurantes prediletos, olhando com alegria para o saldo cada vez maior da sua conta corrente, saindo de férias para se divertir etc. Evoque as sensações que gostaria de sentir quando isso ocorrer. Você também pode visualizar a riqueza na forma de uma luz dourada resplandecente preenchendo e girando em torvelinho em volta de sua casa, de sua aura e de sua carteira. Assim que as sensações e visualizações começarem a se dissipar, abra os olhos e prossiga seu dia com total confiança de que seu fortalecimento foi um sucesso. E, assim como acontece quando você delega uma tarefa importante a um amigo ou membro da família em quem confia totalmente, coloque sua confiança total no Divino para ajudá-la de modo perfeito com esse assunto em todos os níveis.

Exemplos de Fortalecimento

Eis alguns exemplos simples de fortalecimento que reuni para lhe dar uma noção de como planejar o seu próprio fortalecimento. Mas se você

---

* No caso do mudra da expulsão, repita o gesto cada vez que repetir a vocalização.

descobrir um fortalecimento entre os listados abaixo que faça sentido para você e combine com seu objetivo, vá em frente e use-o do modo como foi apresentado ou adapte-o um pouco até que fique perfeito.

Riqueza e Abundância

Área/objeto a ser fortalecido: O vestíbulo (a área logo depois da porta de entrada, por onde as bênçãos entram na sua casa)
Intenção: "Recebo constantemente abundância perfeita da Fonte Infinita."
Gesto: Mãos em concha transbordantes
Vocalização: "Lakshmi", repetida nove vezes (evocando o nome da deusa)
Visualização: Grandes quantias de dinheiro em espécie, moedas, cheques, ouro e luz dourada cintilante se derramando de cima, inundando seu corpo inteiro e sua aura, enchendo o cômodo e então inundando o resto da casa.

Romance Harmonioso

Área/objeto a ser fortalecido: Uma vela vermelha em formato de coração
Intenção: "Meu parceiro e eu vivemos um romance harmonioso e apaixonado."
Gesto: Mudra para acalmar o coração
Vocalização: "Aham prema." ("Sou o amor divino.")
Visualização: Veja-se e/ou sinta-se, com o parceiro, rindo com ele e se sentindo feliz, amada, e amando muito. Veja uma luz cor-de-rosa cercando e girando em torvelinho ao redor de vocês dois abraçados, então mentalmente dirija

a mesma luz cor-de-rosa cintilante para a vela. Agora, cada vez que você a acender, ela estará liberando essa energia em sua vida e atraindo o resultado desejado.

Felicidade e Alegria

Área/objeto a ser fortalecido: Todos os cômodos da casa

Intenção: "Esta casa está cheia de felicidade e alegria."

Gesto: Mudra Buddhi

Vocalização: (a mesma que a intenção) "Esta casa está cheia de felicidade e alegria."

Visualização: Risadas, sorrisos, o coração alegre, interações harmoniosas, uma luz dourada enchendo cada cômodo com cintilações como borbulhas de champanhe. Vá até cada cômodo/área e repita o fortalecimento.

6

Os Cristais

DURANTE MUITOS SÉCULOS e em muitas culturas, os cristais* têm sido usados para curas e bênçãos. Também têm sido empregados para manifestar uma variedade de coisas maravilhosas, inclusive romance, abundância, felicidade, serenidade e sucesso. Este capítulo irá apresentar alguns cristais úteis e suas propriedades, e explicar como você pode empregá-los em sua prática de cuidar da casa com magia.

Purifique seu Cristal

Ao empregar um cristal para uma finalidade mágica, certifique-se de purificá-lo com regularidade, pois ele pode absorver e reter vibrações negativas. Faça isso ao menos uma vez por semana, usando uma ou várias das técnicas a seguir:

---

* A palavra "cristal" é usada aqui com referência a todo tipo de gema, sem distinção. (N. E.)

- Coloque-o sob a luz direta do sol durante pelo menos meia hora.
- Deixe-o sob a água fria da torneira durante pelo menos um minuto*.
- Deixe-o submerso em água limpa por ao menos um minuto.
- Enterre-o numa tigela cheia de sal durante ao menos vinte minutos.
- Deixe-o envolto em fumaça de sálvia branca durante o tempo que achar necessário (normalmente não mais que um minuto).

Onde Colocar o Cristal

O jeito mais simples de usar um cristal nos cuidados mágicos da casa é colocá-lo no seu ambiente. Comece carregando-o com sua intenção, como descrito a seguir.

Como Carregar um Cristal com sua Intenção

Para carregar um cristal com uma intenção específica, segure-o na mão direita aberta, ligeiramente em concha, e cubra-o com a mão esquerda. Feche os olhos, concentre-se na intenção como se ela já houvesse se manifestado, e visualize a energia de sua intenção manifestada como uma luz branca brilhante preenchendo o cristal. Mantenha essa intenção por cerca de trinta segundos, vendo e sentindo o cristal pulsar e a luz e a energia da intenção girando em torvelinho.

Como Escolher um Lugar para o Cristal

Dependendo do cristal e da sua intenção, você pode colocá-lo em diversos lugares, tais como:

---

* Em épocas de racionamento de água, esta técnica não é recomendável. (N. E)

- Debaixo do travesseiro ou perto da cama. Nesses locais, você irá absorver as energias do cristal enquanto dorme.
- Num altar. Aí, ele irá simultaneamente representar sua intenção e ajudar a torná-la realidade. Você pode até montar um altar relacionado com a sua intenção, usando o cristal como um ponto de concentração ou intensificação.
- Numa área reservada para meditação. Dessa maneira, você pode absorver as energias do cristal enquanto medita, o que vai ajudá-la a receber orientação e cura específica para sua intenção.
- Outros lugares específicos para o cristal e a intenção. Ideias para localização estão incluídas nas descrições dos cristais, a seguir.

Depois de colocar o cristal no lugar, você pode realizar o Fortalecimento dos Três Segredos para intensificar a magia (ver Capítulo 5).

Essências

Também conhecidas como elixires de pedras, as essências são as vibrações do cristal preservadas em água ou conhaque. Para os propósitos deste livro, use a essência de pedras colocando algumas gotas num produto de limpeza ou borrife o ambiente para espalhar a vibração do cristal pelo cômodo. Você pode comprar essências de pedras já prontas ou fazer a sua própria essência. Algumas que estão à venda podem também ser tomadas via oral, mas, se fizer sua própria essência para usar nos cuidados mágicos da casa (ver a seguir), não recomendo a ingestão via oral, a não ser que você seja um especialista ou tenha feito uma pesquisa exaustiva sobre a preparação das essências de pedras.

Como Criar uma Essência de Pedras

INGREDIENTES:
- Um cristal purificado (escolha o tipo de cristal de acordo com suas necessidades – veja a seguir)
- Água filtrada ou mineral
- Um cálice transparente bem limpo
- Conhaque
- Um frasquinho com um conta-gotas

Num dia ensolarado, com a lua entre nova e cheia, coloque o cristal no cálice. Despeje a água sobre o cristal até encher o cálice. Coloque-o em plena luz do sol por pelo menos três horas, certificando-se de que ele não fique à sombra. Durante esse período, coloque o frasco com conta-gotas perto do cálice para purificá-lo com a luz do sol. Depois que a água e o frasco tiverem sido banhados pelo sol durante o tempo apropriado, coloque as mãos acima da água e visualize-as se enchendo com uma luz bem brilhante e cintilante. Faça uma breve oração, como por exemplo:

> Grande Espírito, por favor, imbua esta água com vibrações de cura e amor. Por favor, ative completamente a energia positiva deste cristal e faça com que ela se irradie para esta água, de modo que ela seja um remédio poderoso e um aliado valioso em meus trabalhos de magia.

A seguir, encha o frasco até a metade com o conhaque e depois complete a outra metade com a água do cálice, usando o conta-gotas para transferir a água para o frasco. Isso vai preservar a vibração do cristal na água.

Depois que tiver feito a essência, você pode destilar quatro gotas num borrifador de ambientes ou num produto de limpeza para disseminar as vibrações pelo cômodo. Também pode pôr algumas gotas nos pulsos, esfregando-os um contra o outro para internalização da magia e cura pessoal.

Os Cristais

Existem vários tipos de cristal com uma imensa variedade de propriedades de cura. A seguir, incluí alguns que acho especialmente úteis para a magia da limpeza da casa. Use-os na forma de essência ou em qualquer das maneiras que descrevi a seguir, que são únicas para cada cristal. E sinta-se à vontade para testar outras também! (Ver Bibliografia).

Ametista

A ametista tem uma vibração muito profunda e espiritual. Ela sintoniza você com seu Eu Superior e a consciência universal. Ajuda-a a ver o Divino em todas as coisas, e cria sensações de profundo relaxamento e harmonia interior. A ametista também dissipa o medo e a preocupação, substituindo-os pela certeza de que você está perfeitamente segura e bem provida. Uma ametista sob o travesseiro ou perto da cama vai ajudá-la a ter uma boa noite de sono, o que também ocorrerá se você borrifar o quarto com um spray de ambientes contendo quatro gotas de essência de ametista.

Leve esse cristal para o seu espaço quando:

- Quiser aliviar a depressão e/ou a negatividade.
- Estiver sofrendo de insônia, ansiedade e/ou estresse.
- Desejar manifestar mais abundância.
- Estiver com dificuldade para largar um vício.

Além das ideias mencionadas no começo do capítulo, eis algumas ótimas maneiras de usar esse cristal:

- Coloque-o na área de gratidão e prosperidade para ajudar a manifestar abundância, substituindo a preocupação por confiança.
- Coloque-o na área da sincronicidade e dos milagres para entrar em sintonia com sua consciência divina.
- Coloque-o na área da serenidade e da autoestima para ajudá-la a entrar em sintonia com profundas vibrações espirituais.

Angelita

A angelita tem um nome muito apropriado, pois é um cristal de altíssimas vibrações angélicas. Ela ajuda a trazer calma e receptividade para as emoções, o que favorece a comunicação harmoniosa. Depois que você definir sua intenção, a angelita pode ajudar a preservar as vibrações do reino angélico dentro do seu espaço e da sua vida. É excelente para libertar você das ilusões da perda e da discórdia e aumentar sua percepção da perfeição divina e do conhecimento de que tudo está bem.

Leve esse cristal para o seu espaço quando:

- Desejar vibrações do reino angélico dentro da sua casa.
- Quiser acalmar emoções desagradáveis e criar uma comunicação harmoniosa.
- Estiver pronta para se livrar de ilusões de perda e discórdia e, em vez disso, perceber a harmonia e a perfeição em tudo.

Além das ideias mencionadas no começo do capítulo, eis algumas ótimas maneiras de usar esse cristal:

- Coloque-o na área da sincronicidade e dos milagres para ajudá-la a entrar em sintonia com o reino angélico e trazer suas vibrações para dentro de casa.
- Coloque-o na área da criatividade e da diversão para melhorar a comunicação com seus filhos e/ou criança interior.
- Coloque-o na área da criatividade e da diversão para ajudá-la a se expressar de uma maneira espiritual e com vibrações elevadas.

Apofilita

A apofilita, um cristal encontrado na forma de pirâmide, cubo e drusa, é bem transparente e clara, com arco-íris e uma energia cintilante, líquida, etérea e de altíssima vibração. É na verdade uma representação física da luz universal. Ela eleva o espírito; aguça a imaginação, a intuição e a memória; ajuda você a se conectar com outras dimensões e reinos (incluindo os reinos angélicos e das fadas); auxilia na eliminação de resquícios de problemas físicos e/ou emocionais do passado, e estimula aventuras extravagantes.

Leve esse cristal para o seu espaço quando:

- Quiser se conectar com outros reinos para receber cura, inspiração e/ou informação.
- Quiser intensificar a criatividade e a imaginação.
- Quiser aguçar a intuição.
- Quiser melhorar a sua memória.
- Estiver interessada em se livrar de resquícios de antigas feridas ou traumas emocionais ou físicos.
- Quiser levar as vibrações do seu espaço a um nível muito elevado.
- Quiser evocar anjos e/ou fadas para o seu espaço.

Além das ideias mencionadas no início do capítulo, eis algumas ótimas maneiras de usar esse cristal:

- Coloque-o no seu local de trabalho para aumentar a criatividade, a inspiração, a intuição e/ou a memória.
- Coloque-o na área da criatividade e da diversão para aumentar a imaginação e a criatividade.
- Coloque-o na área da sincronicidade e dos milagres para convidar anjos e/ou fadas a entrar em seu espaço e conectá-la com a luz universal.
- Coloque-o sob o travesseiro para receber orientação e cura nos sonhos e/ou visitar outros reinos durante o sono.

Aqua Aura

Este cristal é um "filho ilegítimo" do quartzo branco e do ouro. Quando tratado com ouro numa temperatura altíssima, o quartzo branco adquire uma impressionante tonalidade verde-água (daí seu nome). Esse cristal é o meu favorito. É uma pedra de pura alegria, contentamento, confiança, autoconhecimento, autoexpressão e liberdade pessoal. Ele confere uma vibração leve, clara e mística à mente, ao corpo e ao espírito.

Leve esse cristal para o seu espaço quando:

- Quiser elevar a sua consciência e sintonizar seu espaço com os reinos das fadas, dos anjos e da magia.
- Quiser conhecer a si mesma/amar a si mesma/expressar-se mais plenamente.
- Quiser infundir seu espaço com vibrações cristalinas, alegres e místicas.

- Quiser elevar sua consciência de prosperidade, encarando as questões que envolvem dinheiro como uma aventura divertida e não como um fardo pesado.
- Precisar de um fluxo de energia positiva.

Além das ideias mencionadas no início do capítulo, eis algumas ótimas maneiras de usar esse cristal:

- Coloque-o perto do seu espaço de trabalho criativo para ajudá-la a mostrar a sua originalidade.
- Coloque-o na área da criatividade e da diversão para ativar as energias criativas e extravagantes associadas a essa área.
- Coloque-o na área da sincronicidade e dos milagres para atrair a ajuda das fadas e dos anjos para a sua vida.

Água-marinha

Como uma torrente de água cristalina da montanha, esse cristal tem um efeito leve, refrescante, revigorante e purificador sobre o corpo, a mente e as emoções.

Leve esse cristal para o seu espaço quando:

- Quiser se desintoxicar nos níveis físico, emocional e/ou espiritual.
- Quiser mais clareza em todos os sentidos.
- Quiser uma cura suave em algum ou em todos os níveis.
- Achar que precisa encarar as coisas com mais leveza.

Além das ideias mencionadas no início do capítulo, eis algumas ótimas maneiras de usar esse cristal:

- Coloque-o na área da criatividade e da diversão para acrescentar leveza e alegria à sua vida e para ajudar a purificá-la de antigas feridas emocionais ou bloqueios sofridos por sua criança interior.
- Coloque-o na área da saúde e dos relacionamentos familiares para ajudar a curar e purificar suas antigas questões familiares e desintoxicar suas emoções e seu corpo físico.

Citrino

O citrino é uma variedade de quartzo de cor laranja ou amarela. Ele evoca a pura luz do sol, felicidade e energia positiva em geral. Também promove a abundância nos níveis emocional, mental e espiritual. Pode ajudá-la a aumentar a consciência da natureza infinita da abundância e animá-la com a ideia de receber abundância, o que, é claro, ativa o fluxo de abundância na sua vida.

Leve este cristal para o seu espaço quando:

- Quiser inundar o seu espaço e a sua vida com a energia da luz solar.
- Quiser curar conscientemente suas atitudes com relação à prosperidade.
- Quiser aumentar sua prosperidade financeira.

Além das ideias mencionadas no início do capítulo, eis algumas ótimas maneiras de usar esse cristal:

- Coloque-o na área da serenidade e da autoestima para ajudá-la a se alegrar e/ou a se animar.
- Coloque-o na área da serenidade e da autoestima para ajudar a curar suas atitudes com relação à dinheiro.

- Coloque-o na área da serenidade e da autoestima para ajudar a aumentar sua prosperidade financeira.

- Coloque-o perto do local onde você deixa suas contas, talões de cheques ou documentos financeiros para melhorar sua atitude referente à administração do seu dinheiro e, portanto, ajudar a prosperidade a fluir para você com mais abundância.

Fluorita

A fluorita tem uma energia muito cristalina e revigorante. Ela alivia o estresse ao simplificar suas percepções conscientes, organizar e desanuviar os pensamentos e trazer paz às emoções. Ela também aumenta a autoestima ao ajudá-la a descobrir e aceitar seus próprios talentos e capacidades.

Leve esse cristal para o seu espaço quando:

- Se sentir emocional ou mentalmente sobrecarregada.
- Tiver limpado e eliminado a bagunça e/ou organizado sua casa e quiser dissipar a energia que restou da faxina e da confusão.
- Tiver dificuldade para tomar decisões.
- Precisar melhorar sua autoestima devido à dificuldade que sente de reconhecer seus pontos fortes.
- Estiver pronta para descobrir ou aceitar mais profundamente seus talentos e capacidades únicas.

Além das ideias mencionadas no início do capítulo, eis algumas ótimas maneiras de usar esse cristal:

- Coloque-o na área da serenidade e da autoestima para ajudá-la a descobrir e/ou aceitar seus talentos e capacidades únicos.

- Coloque-o na área da serenidade e da autoestima para propiciar calma interior e serenidade.
- Coloque-o na área da carreira e da trajetória de vida para ajudá-la a sintonizar sua carreira com seus talentos e capacidades especiais.
- Coloque-o na área da criatividade e da diversão para trazer frescor e clareza aos seus pontos de vista criativos e/ou projetos.
- Coloque-o perto do seu local de trabalho para propiciar clareza e ajudá-la a descobrir o modo mais simples e eficaz de realizar qualquer tarefa que lhe for dada (o que auxilia na administração do tempo).

Granada

A granada inflama as emoções com uma paixão profunda e duradoura e a leva para o reino da percepção sensual e do prazer. De natureza tanto terrena quanto ígnea, ela a conecta com o verdadeiro poder que advém de você tomar posse verdadeiramente do seu corpo e reconhecer e expressar a sua sexualidade.

Leve esse cristal para o seu espaço quando:

- Quiser se conectar mais plenamente com o seu corpo e a sua sexualidade.
- Quiser levar mais paixão e contentamento físico a um relacionamento.
- Quiser manifestar suas esperanças e sonhos ao ancorá-los no reino físico e fazer avanços concretos em direção a eles.
- Sentir vergonha do seu corpo e/ou da sua aparência.
- Quiser se sentir ou parecer mais sexy.
- Precisar de uma dose extra de coragem.

Além das ideias mencionadas no início do capítulo, eis algumas ótimas maneiras de usar esse cristal:

- Coloque-o na área do amor e do casamento para conectar-se com sua sensualidade, autoestima e admiração pelo seu corpo.
- Coloque-o na área do amor e do casamento para manifestar um relacionamento de amor apaixonado ou para intensificar um que já existe.
- Coloque-o na área do esplendor e da reputação para reacender sua confiança e sua coragem.
- Coloque-o na área da sinergia, do equilíbrio e da felicidade para ajudá-la a manifestar suas esperanças e sonhos ao ancorá-los no reino físico.
- Coloque-o na área da sinergia, do equilíbrio e da felicidade para ajudá-la a se sentir ancorada e poderosa.

Lápis-lazúli

Esta pedra é uma verdadeira bênção. Ela traz sensações de pura alegria e felicidade infantis fazendo-a tomar consciência de que o mundo cotidiano das formas e o mundo mágico que abriga todas as possibilidades estão inextrincavelmente ligados. O lápis-lazúli é um ótimo remédio para as crianças e para a criança interior que foram forçadas a amadurecer prematuramente em decorrência de um trauma. Se você não dá a si mesma um tempo para brincar ou permissão para deixar sua imaginação vagar e voar alto, essa pedra é para você. Ela está em sintonia com a natureza infinita e mística do universo. Suas qualidades também a ajudam a entrar em sintonia com suas capacidades intuitivas, mágicas e parapsíquicas.

Leve esse cristal para o seu espaço quando:

- Sua energia ou seu humor estiverem em baixa devido à falta de diversão, alegria e voos da imaginação.
- Seu filho estiver sofrendo ou se curando de um trauma.
- Você estiver pronta para curar antigos problemas da infância.
- Quiser levar sentimentos de liberdade e alegria pura e profunda para o seu espaço.
- Quiser se sintonizar de modo mais profundo com suas capacidades intuitivas, mágicas e parapsíquicas.

Além das ideias mencionadas no início do capítulo, eis algumas ótimas maneiras de usar esse cristal:

- Coloque-o debaixo do travesseiro do seu filho, perto do local onde a cabeça repousa quando ele dorme, para ajudá-lo a sentir a alegria da infância mesmo durante ou depois de traumas.
- Coloque-o na área da criatividade e da diversão para incentivar sua criança interior a brincar e imaginar.
- Coloque-o na área da serenidade e da autoestima para ajudá--la a se sintonizar com suas capacidades intuitivas, mágicas e parapsíquicas.
- Coloque-o perto do seu espaço de trabalho criativo para fortalecer e intensificar a criatividade e acrescentar magia e extravagância ao seu trabalho.

Lepidolita

A lepidolita – às vezes rosada, às vezes arroxeada; as pedras polidas têm aparência lisa, com cintilações prateadas – traz luminosidade, alegria e brilho ao coração, e abre caminhos para o amor e as sincronicidades harmoniosas. Ela tem uma energia radiante, divertida, animada, como as das fadas, que atrai a energia desses elementais e de parceiros românticos e condições ideais. Ela incentiva a autoestima.

Também pode ser excelente para crianças que precisam de ajuda para ter autoconfiança ou que não brincam o suficiente.

Leve esse cristal para o seu espaço quando:

- Quiser deixar a atmosfera mais leve com vibrações cintilantes e cheias de alegria.
- Quiser atrair fadas e a energia desses elementais para seu espaço.
- Quiser se divertir e se alegrar mais.
- Quiser atrair um parceiro romântico ideal ou condições ideais para um romance.
- Quiser gostar mais de si mesma.
- Quiser abrir seu coração para o amor.
- Quiser fortalecer a autoconfiança do seu filho ou o gosto dele pelas brincadeiras.

Além das ideias mencionadas no início do capítulo, eis algumas ótimas maneiras de usar esse cristal:

- Coloque-o na área da criatividade e da diversão para atrair fadas, aumentar sua espirituosidade, apoiar seu filho e/ou intensificar sua criatividade.
- Coloque-o na área do amor e do casamento para atrair um parceiro ideal ou condições ideais para um romance.
- Coloque-o na área do amor e do casamento para aumentar sua autoestima e abrir seu coração para o amor.
- Coloque-o no quarto do seu filho para intensificar a coragem dele e incentivar sua capacidade de brincar e se divertir.

Pedra da Lua

A pedra da lua é pura receptividade. É o lado mais suave e delicado das coisas. Ela sintoniza você com a energia lunar e com o divino feminino.

Leve esse cristal para o seu espaço quando:

- Quiser levar a energia suave e receptiva da lua para dentro do seu espaço e da sua vida.
- Quiser se sintonizar mais profundamente com sua intuição.
- Estiver interessada em fortalecer seu relacionamento com a Deusa.
- Estiver em processo de curar suas emoções.
- Quiser aumentar sua capacidade de receber.
- Quiser equilibrar o excesso de energia masculina com mais energia feminina.
- Quiser receber cura e apoio no que se refere a problemas físicos femininos, como dificuldades relacionadas à menstruação ou à menopausa.

Além das ideias mencionadas no início do capítulo, eis algumas ótimas maneiras de usar esse cristal:

- Coloque-o na área do amor e do casamento para aumentar a sua capacidade de receber amor e apoio;
- Coloque-o na área do amor e do casamento para se abrir a possibilidades românticas.
- Coloque-o na área da criatividade e da diversão ou da serenidade e da autoestima para aumentar seus poderes intuitivos.
- Coloque-o na área da sincronicidade e dos milagres para invocar a ajuda da lua e das deusas lunares em sua vida.

Ágata Musgo

A ágata musgo cura num nível muito profundo, aliviando o estresse, fortalecendo o coração e conectando você com a energia de cura da terra e das plantas. Ela tem uma energia de fortalecimento bem suave e delicada. Também ajuda a trazer harmonia para a família e os relacionamentos familiares.

Leve esse cristal para o seu espaço quando:

- Se sentir oprimida, sobrecarregada e/ou estressada.
- Precisar fortalecer o seu sistema imunológico.
- Quiser aprofundar seu relacionamento com a terra e as plantas.
- Quiser levar energia reconfortante e calmante para o seu ambiente.
- Quiser levar harmonia e cura para os seus relacionamentos familiares.

Além das ideias mencionadas no início do capítulo, eis algumas ótimas maneiras de usar esse cristal:

- Coloque-o na área da saúde e dos relacionamentos familiares para fortalecer o coração, a saúde e o sistema imunológico.
- Coloque-o na área da saúde e dos relacionamentos familiares para fortalecer e harmonizar os relacionamentos familiares.
- Coloque-o na área da serenidade e da autoestima para acalmar e revitalizar a mente oprimida, sobrecarregada e estressada.
- Coloque-o na área da sincronicidade e dos milagres para se sintonizar com as plantas e a terra e para receber ajuda e orientação delas.

Observação importante: Não o coloque onde você estiver, caso esteja sofrendo de estresse e tensão, como em seu local de trabalho, porque a ágata musgo revitaliza e restaura em vez de contrabalançar. Em vez disso, use a fluorita para promover a clareza de pensamentos ou a obsidiana para absorver vibrações desagradáveis ou negativas. Use a ágata musgo posteriormente, quando você estiver fora dessa área.

Obsidiana

A obsidiana tem uma energia surpreendentemente antiga e sábia. Sua capacidade de absorver a negatividade é lendária. Por causa dessa qualidade, ela deve ser limpa com regularidade para liberar e purificar essas energias. Se houver uma área que muitas vezes ou de vez em quando fica carregada com energia negativa, intensa e/ou excessiva, a obsidiana pode ajudar a neutralizar essa energia e criar uma atmosfera mais leve, suave e serena. Pelo fato de ter uma energia tão calma e profunda, ela também pode ajudar você a entrar em sintonia com seu verdadeiro propósito e carreira profissional, especialmente se estiver tensa ou preocupada com respeito a esse assunto.

Leve esse cristal para o seu espaço quando:

- Quiser evocar leveza e serenidade, neutralizando os efeitos de emoções ou acontecimentos desagradáveis.
- Quiser reduzir a ocorrência de discórdia, palavras ásperas e/ou sentimentos de mágoa em seu espaço.
- Quiser criar uma atmosfera mais calma, eliminando os efeitos do excesso de energia e a ansiedade.

Além das ideias mencionadas no início do capítulo, eis algumas ótimas maneiras de usar esse cristal:

- Coloque-o em qualquer área onde você tenda a sofrer com rispidez, discórdias, energia excessiva e/ou ansiedade.
- Coloque-o na área da carreira e da trajetória de vida para ajudá-la a se sintonizar com seu verdadeiro objetivo e carreira profissional.
- Coloque-o na área da serenidade e da autoestima para ajudá-la a vivenciar uma profunda sensação de quietude e calma interiores.

Quartzo Rosa

O quartzo rosa tem uma vibração suave, amorosa, terapêutica, relaxante, calmante e compassiva. Ele ajuda você a descansar, intensifica o romance, cria harmonia e acelera a cura em todos os níveis.

Leve esse cristal para o seu espaço quando:

- Quiser criar uma atmosfera calmante e aliviar o estresse.
- Quiser ter mais harmonia e doçura em sua vida amorosa.
- Quiser intensificar a cura em qualquer nível.

Além das ideias mencionadas no início do capítulo, eis algumas ótimas maneiras de usar esse cristal:

- Coloque dois cristais, lado a lado, na área do amor e do casamento ou no quarto de dormir, para ajudar a manifestar um relacionamento romântico ou harmonizar o que você já tem.
- Coloque-o debaixo ou perto do travesseiro para curar e ajudá-la a dormir bem e confortavelmente.

- Coloque-o na área da serenidade e da autoestima para ajudar a aliviar o estresse e intensificar a autoestima.
- Se seu filho for muito sensível, coloque o cristal perto do travesseiro dele para ajudar a curar e restaurar seus corpos físico e energético enquanto ele dorme.
- Coloque-o em seu local de trabalho para ajudar a suavizar e dissipar a agressividade e/ou a negatividade.

Quartzo Rutilado

Este cristal é formado de quartzo preenchido com filamentos de rutilo metálico. Ele trata problemas relacionados à abundância e à autoestima, ao trazer clareza, verdadeira sabedoria, motivação e consciência do seu próprio poder e da natureza infinita de sua fonte. Como todos os quartzos, ele aumenta a energia e concentra/direciona intenções.

Leve esse cristal para o seu espaço quando:

- Quiser se sentir mais confiante.
- Quiser manifestar abundância da melhor maneira possível.
- Precisar de coragem, energia, sabedoria e/ou motivação.

Além das ideias mencionadas no início do capítulo, eis algumas ótimas maneiras de usar esse cristal:

- Coloque-o na área da gratidão e da prosperidade para motivá-la, encorajá-la e inspirá-la a manifestar abundância.
- Coloque-o em seu local de trabalho para mantê-la lúcida, concentrada e inspirada.

- Coloque-o na área da criatividade e da diversão para fortalecer seus empreendimentos criativos e motivá-la a dar prosseguimento à sua carreira criativa.
- Coloque-o na área da serenidade e da autoestima para ajudá-la a estabelecer e/ou manter rotinas de exercícios, dieta ou meditação.
- Coloque-o na área da serenidade e da autoestima para ajudá-la a ter sucesso em seus estudos.

Quartzo Branco/Transparente

O quartzo branco/transparente purifica e amplia. Ele é especialmente útil para manter a intenção com que foi carregado e dirigi-la de modo a propiciar a manifestação do resultado desejado.

Leve esse cristal para o seu espaço quando:

- Quiser amplificar a energia já presente em um objeto ou numa área.
- Quiser intensificar sua energia física, mental e/ou espiritual.
- Quiser manter vibrações elevadas e puras dentro de uma área.
- Quiser intensificar e direcionar uma intenção específica.

Além das ideias mencionadas no início do capítulo, eis algumas ótimas maneiras de usar esse cristal:

- Coloque-o no centro de poder da sua casa que corresponda a uma intenção específica (prosperidade, carreira, saúde etc.), sobre uma folha de papel em que você declarou sua intenção como se ela já tivesse ocorrido.
- Coloque-o com outro cristal para amplificar o poder dessa pedra.

- Coloque-o com outro objeto mágico (planta, imagem etc.) para intensificar seu poder.
- Coloque-o em qualquer área onde quiser manter vibrações elevadas e puras.
- Coloque-o em qualquer área onde quiser sentir mais energia.
- Coloque-o nas áreas da sincronicidade e dos milagres, da criatividade e da diversão, da serenidade e da autoestima ou da carreira e da trajetória de vida para amplificar as energias associadas a cada uma dessas áreas.

7

Fadas, Anjos e outros Seres Iluminados

ADORO ATRAIR A AJUDA dos seres divinos e de outros reinos. Além de estarem sempre dispostos a ajudar, eles também possuem qualidades únicas e encantadoras que os tornam criaturas divertidas que vale a pena conhecer e ter por perto. Muitos deles vão aparecer a qualquer hora que você chamar (os anjos, por exemplo), mas alguns são um pouquinho mais esquivos (sim, fadas, estou falando de vocês). Neste capítulo, tenho o prazer de apresentá-la a alguns seres com os quais adoro trabalhar em casa e de dar algumas ideias de como você também pode trabalhar com eles.

Uma Palavrinha sobre os Altares

Você provavelmente não vai querer montar um altar para cada divindade ou grupo de divindades com que trabalha em casa. De fato, pode jamais sentir a necessidade de montar altar algum. Entretanto, de vez em quando você pode sentir essa necessidade, já que organizar e manter um altar é um ato muito poderoso e eficaz.

Como Montar um Altar

Um altar é um conjunto artisticamente bem engendrado de objetos sagrados cuidadosamente escolhidos. Pode ser montado numa prateleira, mesa, escrivaninha ou qualquer outra superfície. Você pode criar um altar para uma intenção ou um propósito específico, como manifestar prosperidade ou fortalecer seu casamento, ou pode criar um altar para invocar uma divindade específica, um ser ou um grupo de seres. Seja qual for o seu caso, sugiro colocar uma imagem ou estatueta do ser ou seres mágicos como ponto central, para trazer vida ao altar e atrair a proteção do(s) ser(es) e/ou invocá-lo(s) para o seu espaço. Uma toalha de mesa ou uma echarpe muitas vezes é o suficiente para cobrir a superfície do altar. Gosto de colocar também uma ou mais velas para dar mais brilho ao altar e incenso ou óleos essenciais num aromatizador, como uma oferenda fragrante para o patrono do altar.

Outros objetos que você pode pôr em seu altar são cristais, flores, frutas, afirmações, orações, ervas secas ou qualquer coisa que seja significativa para seu objetivo ou para a(s) divindade(s). Se escolher colocar frutas ou ervas, considere-as oferendas e não as coma. Quando tiver que jogá-las fora, coloque-as numa pilha de compostagem, enterre-as ou coloque-as debaixo de uma árvore; se nada disso for possível, ao menos as coloque no lixo de materiais orgânicos.

Nunca deixe de cuidar do seu altar para manter viva a magia. Tire o pó, substitua as velas, acrescente novos objetos e mude tudo de lugar quando sentir vontade. Você também pode conferir força à magia com orações, visualizações e/ou o fortalecimento dos três segredos.

Invocação dos Bons Espíritos

Depois de purificar a energia da sua casa (ver Capítulo 3), é sempre bom convidar os espíritos iluminados e dispostos a ajudar, para entrarem em seu espaço. Este é o ritual que vai ajudá-la a fazer exatamente isso. Pelo fato de invocar espíritos (guias espirituais, entes queridos falecidos etc.), este ritual deve ser feito de preferência à noite.

Para começar, providencie erva-doce americana (*sweetgrass*) [em forma de vareta de incenso ou de trouxinha de ervas secas para serem queimadas como incenso] ou incenso de copal. Acenda uma vela branca e junte as mãos junto ao coração em posição de prece. Feche os olhos e respire fundo algumas vezes, ao mesmo tempo em que relaxa e entra em sintonia com o reino energético sutil e o que é conhecido como o outro mundo. Quando se sentir pronta, acenda a trouxinha ou incenso e diga:

> Doces espíritos do outro mundo, eu os invoco.
> Seres divinos de luz, eu os convido. Sois bem-vindos aqui.
> Residam, morem, habitem e abençoem a nós (a mim)
> com sua presença em nossa (minha) casa.

Leve o incenso até cada cômodo, tomando cuidado para não provocar um incêndio, enquanto continua a invocar os espíritos, mentalmente ou em voz alta. Ao terminar, agradeça aos seres que você invocou por atenderem ao seu chamado e apague a trouxinha de ervas ou o incenso e a vela. Você vai descobrir que, depois de fazer isso, sua casa ficará repleta de sentimentos de doçura, luz, conforto e alegria.

Anjos

Os anjos estão sempre presentes e *adoram* nos ajudar. A energia deles é muito elevada, clara, brilhante e desprovida de julgamento. Eles nos ajudam em *todos* os aspectos, especialmente no que se refere à segurança, viagens, sincronicidade, milagres, cura, proteção e orientação. Chamar os anjos para entrar no seu espaço é sempre uma boa ideia. Para fazer isso, você só precisa dizer (mentalmente ou em voz alta) algo como: "Anjos, eu invoco vocês! Por favor, deixem esta casa repleta com a sua luz e seu amor". Você também pode evocá-los para propósitos mais específicos.

Todos os dias, depois de limpar a energia da minha casa com uma rápida visualização (ver Capítulo 3), eu invoco os anjos para cercá-la, irradiando energia positiva para dentro dela e mantendo uma vibração elevada no espaço. Então, invoco mais anjos para rodear esses anjos, e os imagino voltados para fora, protegendo a casa e mandando toda a negatividade de volta para o lugar de onde veio. Então visualizo isso acontecendo. Essa estratégia sempre me faz sentir completamente segura, relaxada e certa de que minha casa está poderosamente protegida. Chamo-o de meu ritual simples de proteção angélica, sobre o qual vou dar mais detalhes no Capítulo 11.

Representações artísticas de anjos atraem a energia deles para sua casa e a ajudam a mantê-la ali. Depois de espalhar estatuetas ou pendurar quadros de anjos, faça o fortalecimento dos três segredos para invocar esses seres para o seu espaço. Um lugar especialmente bom para você pôr as estatuetas e/ou imagens de anjos é a área da sincronicidade e dos milagres, uma vez que a energia dessa área está totalmente em sintonia com a assistência e orientação dos anjos.

Além de uma ou mais imagens e/ou estatuetas de anjos, eis alguns itens que você pode escolher para incluir num altar para eles:

- Branco, dourado, prateado e azul-claro (para a toalha e as velas)
- Cristais de angelita, aqua aura e apofilita
- Prata e ouro de verdade
- Penas brancas encontradas no chão
- Olíbano, lavanda ou óleo de rosas ou incenso
- Flores frescas, especialmente lavandas, rosas e camélias

O Arcanjo Miguel

Os arcanjos são os *superstars* da hierarquia angélica e Miguel é o arcanjo dos arcanjos. Ele tem uma energia poderosamente purificadora, luminosa e flamejante. Sua espada de luz remove o peso, a escuridão e a negatividade ao incinerá-los rapidamente e, portanto, transmutá-los em energia positiva. Pessoalmente, trabalho com o Arcanjo Miguel mais do que com outras divindades, já que ele é o tipo que "resolve tudo" e, graças à sua habilidade para eliminar rapidamente a negatividade e criar a mais positiva das atmosferas, é um ser (ou anjo, para ser mais precisa) que mora no meu coração.

Adoro fazer essa oração/visualização (inspirada na obra de Doreen Virtue – ver bibliografia) para atrair a ajuda de Miguel e purificar a energia da minha casa:

> *Sente-se confortavelmente e feche os olhos. Peça ao Arcanjo Miguel para encher a casa toda com uma luz branca bem brilhante. Observe-o fazendo isso e veja a luz branca se derramando das mãos dele e criando uma bolha gigante de luz que envolve completamente a sua casa, se estendendo para fora das paredes, acima do teto e abaixo da terra, como um gigantesco campo de energia. Então peça ao Arcanjo Miguel para varrer qualquer escuridão ou pontos negativos que sobraram dentro do campo de energia e veja-o ou*

sinta-o fazendo isso. Você pode imaginar que ele tem um enorme e cintilante aspirador que rapidamente aspira toda essa energia. Termine convocando anjos para rodear sua casa e manter essa energia positiva.

Além de uma ou mais imagens/estatuetas de Miguel, eis alguns itens que você pode escolher para um altar dedicado ao Arcanjo Miguel.

- Azul royal ou índigo (para a toalha ou as velas)
- Uma ou mais velas são obrigatórias, já que a energia de Miguel é extremamente ígnea
- Óleo ou incenso de cedro, canela e olíbano

Buda

O Buda, em sua postura de serena meditação, cria um espaço sagrado e confere sensações de profunda quietude e lucidez.

Um Buda de pedra em postura meditativa do lado de fora da porta da frente purifica a energia que entra na sua casa. Nesse local, o Buda também incentiva todos os que entram a deixar do lado de fora da casa seu estresse e suas preocupações.

Na área da serenidade e da autoestima, uma estatueta do Buda meditando ajuda você a se sentir ancorada, centrada e calmamente energizada em suas atividades diárias, o que beneficia muito todas as áreas da sua vida.

O Buda prefere simplicidade. Um bom altar para ele pode conter sua imagem ou uma estatueta dele e outro objeto como um cristal ou um porta-incenso.

O Casal de Amantes Divinos
(Krishna/Radha)

Adoro romances! Acredito que todo mundo pode se beneficiar da energia romântica, mesmo aqueles que não se sentem prontos para ter um relacionamento. Krishna e Radha representam a interação das energias masculina e feminina em todas as coisas e o equilíbrio harmonioso, o sucesso estrondoso e a criatividade pura que resultam dessa união.

Para experimentar a dança da vida em sua plenitude, é importante atingir um equilíbrio entre as energias masculina e feminina na sua vida. (Isso é verdade, não importa quais sejam suas preferências sexuais.) Você deve ser capaz de equilibrar os extremos: receber/dar, ceder/manter-se inflexível e descansar/agir. Isso é necessário a fim de manifestar e vivenciar também uma relação amorosa apaixonada e harmoniosa. Krishna e Radha podem ajudar nesse aspecto; essa é a especialidade deles.

Imagens e estatuetas de Krishna e Radha, ou altares dedicados a eles, são excelentes no quarto e na área do amor e do casamento para criar ou manifestar um relacionamento amoroso ideal. Na área da serenidade e da autoestima, eles ajudam a atuar internamente, equilibrando as energias masculina e feminina dentro de você. Na área da sincronicidade e dos milagres, ajudam você a estar no lugar certo na hora certa para encontrar seu amado. Na área da gratidão e da prosperidade, auxiliam você e seu parceiro a sanar e harmonizar qualquer problema de dinheiro que possa ter surgido entre vocês, e também a manifestar abundância das melhores maneiras possíveis. (Eles também a ajudam a atrair um parceiro rico!)

Além de uma imagem ou estatueta representando Krishna e Radha, eis alguns objetos que você pode escolher para um altar dedicado a eles:

- Incenso Temple e Nag Champa
- Incenso ou óleo de rosas e jasmim
- Cor-de-rosa e vermelho para as velas e a toalha
- Tons de laranja, azul ou amarelo para as velas e a toalha (desde que sejam para complementar o cor-de-rosa e/ou o vermelho)
- Rosas
- Jasmim
- Margaridas
- Corações de quartzo cor-de-rosa
- Uma flauta
- Uma foto sua e do seu parceiro atual

* *

Talismã de Krishna e Radha para um Romance Apaixonado

Se você quiser mesmo tornar sua vida amorosa mais interessante, sugiro convocar a ajuda de Krishna e Radha para criar este poderoso talismã.

INGREDIENTES:
>
> Feltro ou algodão fúcsia ou rosa-choque (algo que não desfie nas pontas)
>
> Renda vermelha
>
> Damiana seca (uma planta)
>
> Pétalas secas de rosas vermelhas
>
> Uma imagem pequena de Krishna e Radha (impressa via internet está ótimo)
>
> Agulha e linha

Óleo essencial de ilangue-ilangue
Uma vela vermelha

A qualquer hora entre a manhã do primeiro dia da lua crescente e a meia-noite da noite de lua cheia, reúna os ingredientes e acenda a vela. Recorte dois corações de feltro, mais ou menos do tamanho da sua mão. Costure-os numa almofadinha, deixando uma abertura em cima ou na lateral. Encha levemente a almofadinha com a damiana e as pétalas de rosa. Então coloque ali também a imagem de Krishna e Radha. Costure a abertura e as pontas da renda de modo que o talismã possa pender graciosamente da maçaneta da porta do quarto. (Se você for habilidosa, também pode decorar o talismã de outras maneiras com a renda, como um cartão antigo do dia dos namorados.) Borrife um pouquinho de ilangue-ilangue no talismã e segure-o nas mãos. Feche os olhos e faça uma oração simples para Krishna e Radha, como por exemplo:

Krishna e Radha, eu os invoco.
Escolho, neste momento, viver um romance apaixonado
e peço sua assistência divina nessa questão. Obrigada.

Pendure o talismã na maçaneta do lado de fora da porta do seu quarto. De vez em quando, borrife um pouco de ilangue-ilangue para conservar o frescor do perfume. E então, prepare-se: vão acontecer coisas interessantíssimas na sua vida!

Fadas

É muito divertido conviver com as fadas. A energia delas é terrena, extravagante, travessa, ousada e jovial. Elas podem ajudá-la a se conectar com um sentimento de alegria e bom humor e podem ajudar sua criança interior ou seus filhos a se sentirem felizes e amados. Elas também podem ajudar a curar e proteger seus animais de estimação.

Existem diversas maneiras de invocar as fadas para entrarem na sua casa e jardim, mas elas são caprichosas e impõem algumas condições no início. Regra número um: não use pesticidas químicos na casa ou no jardim se quiser atrair fadas. Em vez disso, use óleos essenciais como capim-limão e lavanda e, para o jardim, pense em levar joaninhas vivas ou consulte um livro ou site de permacultura para descobrir que criatura ou planta você pode introduzir no jardim a fim de equilibrar a população indesejável de insetos. As fadas também ficarão menos propensas a se aproximar de você se não estiver fazendo o melhor possível para proteger e curar o ambiente e os animais, já que eles são os guardiões e as manifestações divinas do mundo natural.

Colocar representações artísticas de fadas na casa ou no jardim é algo que vai ajudar a invocá-las, especialmente se você fizer isso com a intenção de lhes fazer um convite. Dentro de casa, a área da criatividade e da diversão seria um ótimo lugar para isso. E lembre-se de reforçar sua intenção de convidar as fadas fortalecendo sua estatueta ou imagem com os três segredos.

As fadas apreciam o perfume de jasmim. Espalhar o aroma de óleo de jasmim com um difusor de aromas é uma boa maneira de atraí-las. Elas também gostam de incenso de canela.

Como criaturas da natureza, as fadas gostam de todas as plantas, mas há algumas que elas adoram: prímulas, jasmim, quaisquer flores que pareçam sininhos, lavanda, alecrim, sálvia e todos os tipos de flores de árvores frutíferas. Para convidar as fadas a entrar na sua casa, tenha plantas em vasos espalhados pelos cômodos.

As fadas gostam de coisinhas brilhantes e objetos que se mexem, como móbiles, bandeiras e sinos de vento. Elas também gostam quando você deixa presentinhos na forma de gotas de chocolate meio amargo e dedaizinhos ou metades de cascas de nozes cheias de cerveja, champanhe ou cidra espumante. Qualquer dessas coisas vai ajudar a seduzir as fadas para que entrem na sua casa. (*Observação*: Tenham esses presentes perecíveis desaparecido ou continuado por muito tempo onde você os colocou, certifique-se de que as fadas – se elas escolheram agraciá-la com sua presença – tenham notado os presentes e quem foi o doador. Mesmo que os mimos tenham permanecido no plano físico, é bem possível que as fadas tenham absorvido sua essência energética. Em outras palavras, não tenha medo de colocá-los no lixo antes que comecem a ficar mofados.)

Você pode não ver as fadas com os olhos físicos, mas, se for uma pessoa sensível, vai sentir a presença delas. Provavelmente vai sentir sensações de vertigem, uma vontade de viver aventuras ou fazer travessuras e um sentimento indescritível de agradável deslumbre diante do mistério da vida. As cores também podem parecer mais vívidas e o movimento da luz do sol através das árvores pode parecer cintilante ou luminoso.

Além de uma ou mais imagens ou estatuetas de fadas, eis outros objetos que você pode escolher para o altar das fadas:

- Sinos
- Objetos brilhantes e cintilantes
- Óleo ou incenso de jasmim ou canela
- Flores frescas
- Elementos da natureza tais como cones de pinheiro, bolotas de carvalho e penas
- Doces
- Frutas
- Cristais aqua aura ou apofilita

Convite Primaveril para as Fadas

A primavera é uma época especialmente propícia para convidarmos as fadas a morar em nossa casa ou em nosso jardim. É a época em que elas estão especialmente festivas e audazes, e mais dispostas a revelar sua presença aos seres humanos. Ou talvez sejamos nós que estejamos mais propensos a entrar em contato com as fadas na primavera. De qualquer maneira, parece que a primavera é uma época em que os véus entre os mundos dos homens e das fadas estão mais delgados e fáceis de penetrar. Portanto, se for primavera e você quiser ter em sua casa a presença cintilante e estimulante das fadas, eis um jeito de convidá-las para o seu jardim, a sua casa e a sua vida.

INGREDIENTES:
Sementes secas de endro
8 metades de cascas de nozes
1 garrafa de cerveja de qualidade ou cidra espumante
Uma drusa de cristal de quartzo transparente

As fadas adoram dançar juntas em redor de um círculo à luz da lua cheia. À noite, quando a lua estiver cheia, use as sementes de endro para fazer o contorno de um pequeno círculo (um pouquinho maior que um prato grande) em seu jardim ou varanda. No centro do círculo, coloque o cristal. Em volta do contorno do círculo, arrume as metades das cascas de nozes e encha-as com a cerveja ou a cidra. Você acabou de criar um local ideal para uma festa de fadas. Mentalmente ou em voz alta, enuncie seu convite às fadas. Diga algo como: "Fadas, eu convido vocês para dançar em meu quintal e ficarem aqui por um tempo!" Mas tenha muito cuidado em nunca dizer "obrigada", pois dizem que as fadas não gostam muito de agradecimentos. Todas as coisas usadas para esse convite devem ser naturais, portanto sugiro que você deixe tudo em seu quintal como um presente para elas. Depois do convite, quando estiver no quintal, use a sua intuição para ver se consegue sentir a presença delas. Você pode repetir esse convite algumas vezes ou esperar um tempo e depois repetir. As fadas são um tanto caprichosas e, por uma razão ou outra, podem não vir da primeira vez que são convidadas. Mas se você sinceramente deseja a companhia delas, seja persistente e elas acabarão por aceitar. Depois de estabelecer um relacionamento com as fadas, você pode lhes pedir ajuda em relação a várias coisas, tais como um romance, felicidade, abundância e sorte. Apenas certifique-se de lhes oferecer algo em troca, como chocolate, cerveja ou cristais. As fadas são aliadas maravilhosas, mas não gostam muito de fazer as coisas em troca de nada.

Ganesha

Ganesha é a amada divindade de cabeça de elefante da tradição hindu. Ele é tão amado porque remove obstáculos de maneira veloz e poderosa. Pode limpar o caminho energético e remover quaisquer barreiras ou bloqueios para que você tenha a maior chance possível de ter sucesso em todas as áreas e iniciativas. Ao invocá-lo, você vai sentir sua energia chegar como uma bola de demolição, ajudando a derrubar tudo o que se interpõe entre você e sua situação de vida ideal. (Isso, aliás, pode ser de imensa ajuda quando você quiser arrumar a bagunça da sua casa, já que a bagunça é a manifestação física de todas as formas de obstáculo.)

Se qualquer área da sua vida parecer empacada, coloque uma estatueta de Ganesha na área da sincronicidade e dos milagres e realize o fortalecimento dos três segredos com a intenção de remover os bloqueios e substituí-los pelo sucesso. Essa cura pode ajudar com eficácia a remover bloqueios criativos, financeiros, de carreira, de relacionamentos físicos ou emocionais e fazer você retomar a direção certa.

Descobri que o tipo de altar que funciona melhor com a energia firme de Ganesha é um bem simples, composto de três itens: uma estatueta de Ganesha, uma vela e um porta-incenso. Os tipos de incenso especialmente adequados são Nag Champa, sálvia, copal, canela e olíbano.

Tara, a Deusa da Compaixão Universal

Tara é uma deusa da tradição tibetana, compassiva, ecológica e normalmente retratada como uma figura maternal de seios nus, que pode ajudar você a superar o medo e a inércia para, só para dar um exemplo, tornar o processo de arrumar a bagunça da sua casa mais fácil e agradável. Ela pode também ajudar com as reformas, consertos, faxina e outros projetos. Em suma, se você estiver se sentindo sobrecarregada em algum aspecto da casa ou da vida, Tara vai rapidamente vir em seu socorro. Estatuetas ou imagens dela ficam bem nas áreas da sincronicidade e dos milagres, do esplendor e da reputação, ou da serenidade e da autoestima. Ela é outra divindade que se contenta com um altar simples, como uma estatueta ou imagem, incenso e talvez uma ou duas velas verdes.

Héstia

Héstia, a deusa grega da lareira, evoca sensações de calidez, segurança e harmonia na casa. A lareira de uma casa é como o coração de uma pessoa. Se há uma atmosfera de frieza ou discórdia em seu lar ou se, de alguma forma, você nunca se sentiu à vontade nele, Héstia pode ajudar abrindo e aquecendo o coração da sua casa. Ela também pode ajudar a resolver as brigas de família e conferir um profundo sentimento de harmonia e bem-estar. Para convidar Héstia a entrar na sua casa, experimente fazer o ritual a seguir.

Ritual de Invocação de Héstia para Aquecer o Coração da Casa

Comece estabelecendo qual é o coração da sua casa. Provavelmente será a sua lareira ou o seu forno. Pode ser também um tipo de cornija que lembre uma lareira, ou outro lugar central usado com frequência e que pode evocar o calor de lareira se você colocar ali, digamos, a imagem de uma lareira ou uma daquelas lâmpadas que dão a ilusão de fogo ardendo. Sua intuição deve dar uma mãozinha, mas, se não conseguir se decidir entre algumas áreas, pense em escolher a que estiver mais próxima do centro da casa. Você também pode escolher a área onde os membros da família tendem a se reunir mais vezes.

Depois de designar o lugar do coração da casa, coloque sobre ou perto dele uma vela (de preferência de soja ou cera vegetal) cor de laranja ou vermelho-alaranjada, talvez com vários pavios. Perto da vela deixe uma vareta de incenso de canela. Acenda os dois e faça a seguinte invocação:

> *Héstia, eu a invoco! Por favor, cure, abra e aqueça o coração desta casa e traga-o à vida. Por favor, preencha este espaço, nossos corações e esta família com felicidade e harmonia. Por favor, supra nossos espíritos com abundância de todas as coisas maravilhosas. Obrigada, obrigada, obrigada. Abençoada seja. E assim seja.*

Deixe que a vela queime durante pelo menos uma hora. Você pode deixar que ela se consuma por completo ou pode apagá-la e acendê-la de novo em ocasiões futuras, como achar melhor. (Você também pode substituir a vela depois que ela acabar para manter a sensação mágica de frescor.) Deixe que o incenso queime até o fim e acenda outros, se quiser.

Kali, a Deusa da Destruição

Recorrer a Kali pode ser como usar artilharia pesada. Ela é a deusa sombria da tradição hindu, capaz da destruição completa e da aniquilação, como um furacão ou um incêndio que se propaga muito depressa. Se precisar de ajuda para se livrar do que é antigo ou tem necessidade de uma libertação ou purificação excepcionalmente poderosa, Kali é a deusa para você. Kali pode ser utilíssima em situações em que você se sentiu impotente durante um tempo e agora está pronta para recuperar seu poder, libertando-se de velhos relacionamentos, hábitos e/ou padrões de pensamento.

Pedi a ajuda de Kali com ótimos resultados há alguns anos, quando estava passando por um período muito difícil. Não sei se já aconteceu com você, mas era como se minha mente (ego) não se calasse e só me criticasse de milhões de maneiras diferentes. "Você é digna de pena", ela me dizia. "Seu novo corte de cabelo ficou horrível". "Você já deveria ser bem-sucedida, não acha?". "O que acabou de dizer? Que coisa mais idiota...". E assim por diante. E era uma armadilha! Eu tentava fazê-la parar, e ela dizia "É isso aí, você devia pensar positivo, não acha? Qual é o seu problema? Há séculos que você lê livros de autoajuda; já não devia ser craque na arte do pensamento positivo?". Era incessante. Não importava o que eu tentasse, sempre me via na mesma armadilha. E isso continuou até que descobri como Kali poderia ajudar em situações como essa! Sempre que percebia que meus pensamentos estavam ficando negativos e fora de controle, apenas invocava Kali, dizendo mentalmente "Kali, me ajude!" E ela detinha a linha dos meus padrões de pensamento negativo. Eu a sentia liberando a energia como uma torrente de poder em meu corpo e, mentalmente, sentia que podia simplesmente sair da minha espiral descendente e ficar livre da negatividade. Levou algum tempo para eu romper por completo a mania de pensar de forma negativa, já que minha mente teimava em voltar aos velhos hábitos, mas cada vez que eu convocava Kali e saía do círculo vicioso, ficava mais fácil; até que, por fim, rompi o hábito.

Kali também ajuda na desobstrução, renovação, mudança e limpeza do espaço em casos de grande bagunça. Não recomendo manter imagens ou estatuetas de Kali em casa permanentemente (a não ser que ela seja sua protetora ou você precise de uma boa ajuda a longo prazo, para erradicação do ego e/ou libertação), mas sugiro chamá-la durante períodos de transição intensa, quando estiver se libertando do que é velho e querendo dar espaço ao novo. Bons lugares para ela seriam as áreas da sincronicidade e dos milagres, do esplendor e da reputação, e da serenidade e da autoestima. Não é preciso um altar para Kali, já que coisas extras definitivamente não são o forte dela. Só uma imagem e uma invocação extremamente simples vão dar conta do recado. Se quiser recorrer à ajuda de Kali para um objetivo específico, pode experimentar a seguinte invocação:

• •
Invocação de Purificação a Kali

Leve uma estatueta ou imagem de Kali para a sua casa. Escolha uma imagem que lhe pareça poderosa e atraente, mesmo se for um pouquinho assustadora. (Pelo fato de ela ter uma personalidade tão ameaçadora, é natural que pareça um pouquinho intimidante. Mas fique certa de que, ao chamá-la, ela será sua leal aliada e não vai dirigir sua energia destrutiva contra nada que não seja o que não lhe serve mais.)

Fique de pé na frente da imagem, feche os olhos e junte as mãos em posição de prece. Concentre-se na situação, no padrão de pensamento, no hábito ou na bagunça física que você quer purificar ou de que deseja se libertar. Abra os olhos e faça o mudra da expulsão (ver página 83) quarenta vezes. Então, junte as mãos mais uma vez e fixe o olhar na imagem, dizendo:

> *Kali, eu a invoco. Por favor, destrua, dissipe e aniquile completamente todas as situações e crenças que já não me servem, de modo que eu possa ter espaço para o novo. Obrigada.*

Lakshmi

Lakshmi é a linda deusa hindu da abundância. Ela é a especialista divina na manifestação do luxo e da riqueza. Ajuda-nos a experimentar a prosperidade ao nos mostrar que somos infinitamente merecedores das fontes inesgotáveis de riquezas e recursos que sempre estão à nossa disposição.

Ter uma imagem ou estatueta de Lakshmi em sua área da gratidão e da prosperidade é uma maneira maravilhosa de sentir a presença dela e pedir cada vez mais abundância para sua vida. Fortaleça-a com os três segredos quando escolher um lugar da casa para ela e, de tempos em tempos, durante a lua cheia e crescente.

Você também pode pôr uma imagem ou estatueta de Lakshmi na sua área da serenidade e da autoestima, se achar que não está recebendo ou merecendo riqueza e luxo ou se estiver se sentindo culpada por estar recebendo demais.

Além de uma imagem ou estatueta representando Lakshmi, eis alguns itens que você pode escolher para um altar dedicado a ela:

- Rosas e pétalas de rosas vermelhas, cor-de-rosa e amarelas
- Vermelho, cor-de-rosa, azul e amarelo para velas e toalha
- Objetos de metal dourado ou de ouro

- Uma pequena fonte
- Uma imagem, uma miniatura ou estatueta de um ou dois elefantes
- Uma tigela ou tigela com moedas e/ou notas de dinheiro
- Incenso Nag Champa
- Incenso ou óleo de jasmim

Nemetona

Nemetona é a deusa céltica dos bosques sagrados. Ela tem uma presença bastante marcante e mística, que inspira sentimentos de reverência e devoção. É uma excelente ajuda para trazer vibrações altíssimas para a sua casa. Gosto de chamá-la para ajudar na limpeza energética e para elevar as vibrações da minha área de meditação. Ela prefere o ar livre, por isso é bom invocá-la para abençoar e consagrar suas áreas externas.

Imagens e estátuas de Nemetona não são fáceis de encontrar; portanto, se você quiser criar um altar para ela ou ter uma imagem dela na sua casa, acenda uma vela e faça uma oração para ela, pedindo-lhe para mostrar a você a imagem perfeita para representá-la e invocando a sua energia. Então entregue o caso ao Deus/Deusa/Aquele Que É e siga qualquer intuição que tiver. Em geral, ela é imaginada como uma beldade de cabelos escuros e um manto nos ombros, de pé à noite, perto de um bosque de árvores.

Além de uma imagem representando Nemetona, eis alguns itens que você pode incluir num altar dedicado a ela:

- Azul-escuro, preto, verde-floresta, creme e branco (para velas e toalha)
- Uma trouxinha de sálvia (apagada)
- Folhas

- Obsidiana, quartzo branco e ágata musgo
- Incenso de cedro
- Incenso Nag Champa

É melhor convocar Nemetona depois que escurecer. Para criar um espaço sagrado e inspirar um sentimento de profunda reverência e devoção espiritual na sua casa, sugiro que experimente a seguinte invocação:

Invocação do Carvalho Sagrado a Nemetona

Durante a lua cheia, acenda uma vela azul, junte as mãos em posição de prece e diga:

> *Nemetona, eu a invoco! Convido-a a ficar nesta casa. Por favor, proteja-a de todas as maneiras. Com seus profundos mistérios e sua magia, deixe-a repleta de vibrações de reverência e respeito. Obrigada, obrigada, obrigada. Abençoada seja. Assim seja.*

Então, sinta a presença e a energia dela no espaço. Você pode imaginá-la trazendo sua energia como a cintilante luz das estrelas descendo do céu noturno e uma luz branco-dourada se elevando da terra, girando juntas lindamente, num torvelinho, e se movendo graciosamente pelo espaço. Depois que essa luz preencher todo o espaço, peça a Nemetona para ancorá-la num lugar com um imenso carvalho feito de luz branca. Visualize o tronco dessa árvore gigantesca, tão grande que abrange a sua casa inteira e a área adjacente. Depois, veja as raízes dessa árvore enterrando-se profundamente na terra e seus galhos se estendendo bem alto em direção ao céu.

São Francisco de Assis

São Francisco é um santo muito bondoso, sereno e amoroso. Sua presença em casa pode ajudar a simplificar a sua vida e infundir vibrações de serenidade, calma sabedoria e conexão com a natureza e com Tudo O Que É. Eu também o invoco com uma breve oração para proteger e vigiar os meus adorados gatos.

Um modo de se conectar com a energia de São Francisco é colocar uma imagem ou estatueta dele em casa. Um lugar excelente para isso é a sua área da serenidade e da autoestima. Você pode, então, fazer o fortalecimento dos três segredos para evocá-lo e/ou convidá-lo a ajudar com determinada questão, como trazer simplicidade e serenidade ou proteger seus animais de estimação. Se você o chamar especificamente para velar pelos seus animais, outros lugares bons para ele seriam as áreas da sincronicidade e dos milagres ou da criatividade e da diversão.

Além de uma ou mais imagens de São Francisco, eis alguns itens que você pode colocar num altar dedicado a ele:

- Frutos inteiros de casca dura como castanhas e nozes
- Folhas de árvores, pinhas e bolotas
- Uma tigela ou prato de milefólio seco e/ou aveia-silvestre (*oatgrass*)
- Um terço católico de madeira
- Uma cruz de madeira
- Branco, bronze ou marrom (para toalha e velas)
- Uma ou mais fotos de seus animais de estimação
- Penas, bigodes, garras ou dentes de leite encontrados no chão, do seu animal de estimação ou outro animal
- Plantas vivas
- Incenso ou óleo de junípero, cedro e erva-doce americana

Invocação de São Francisco para Proteção dos Animais de Estimação

Coloque uma vela branca perto de uma estatueta ou imagem de São Francisco e a acenda. Sente-se ou fique de pé com a coluna reta, una as mãos em posição de prece e relaxe. Depois, peça-lhe o apoio bondoso, mas poderoso, para proteger seus amados bichinhos dizendo:

São Francisco, peço proteção para ...., meu amado animal de estimação. Por favor, vele por ele o tempo todo e mantenha-o saudável. Por favor, faça companhia a ele enquanto eu estiver fora. Por favor, cuide dele com carinho, faça com que fique contente e encha de alegria seu coração. Por favor, traga-o sempre são e salvo para casa. Obrigada, obrigada, obrigada. Seja abençoado. Assim seja.

Quando tiver terminado a invocação, para exprimir sua gratidão a São Francisco pela proteção ao seu bichinho, decida-se e comprometa-se a fazer um pequeno (ou grande) gesto de bondade ou a mudar seu estilo de vida para beneficiar os animais. Pode ser a doação de dinheiro para um abrigo de animais, a compra de um chafariz para os passarinhos tomarem banho, evitar o consumo de carne uma vez por semana ou qualquer outra coisa que você se sentir orientada e disposta a fazer.

8

Plantas Aliadas

DENTRO OU FORA DE CASA, as plantas são seres mágicos. Além de purificarem o ar, curarem várias doenças físicas e emocionais e serem lindas, elas também fazem a energia circular de um jeito saudável, atraem fadas e espíritos da natureza e emprestam suas personalidades únicas e mágicas à sua casa e à sua vida. Cultivar o relacionamento com plantas é também uma maneira eficaz de entrar em contato com os reinos mais sutis de informação e comunicação e pode ativar suas capacidades intuitivas naturais ao abrir seu terceiro olho, o centro de energia localizado logo acima das sobrancelhas.

Neste capítulo, vou examinar algumas das minhas plantas aliadas favoritas e dar ideias de como trabalhar com elas dentro e ao redor do seu espaço. A lista não é completa, mas minha intenção é que as descrições a inspirem a reconhecer as propriedades mágicas de todas as plantas e a cultivar um relacionamento com elas num nível profundo e energético.

Entrar em contato com as personalidades únicas e com as necessidades das plantas vai ajudá-la a cuidar bem delas, mesmo que você ache que "não tem mão para plantas". Por exemplo, em vez de regá-las a intervalos fixos, como uma vez por semana ou uma vez por dia, você pode tentar relaxar a mente e silenciosamente perguntar à planta se ela está pronta para receber água. Se a resposta for sim, tente ouvir intuitivamente quando a planta disser que basta. Além disso, acho que as plantas não gostam de preocupação exagerada e, se você se preocupar demais ou cuidar excessivamente delas, podem vir a sofrer.

Apesar disso, você pode (como eu) ainda se deparar com problemas com suas plantas. Mesmo achando que está fazendo tudo certo, uma planta ou flor pode misteriosamente murchar. Se isso acontecer e você quiser mantê-la, faça o melhor que puder para ressuscitá-la pelo período de até um mês. Se depois desse tempo perceber que não fez nenhum progresso e se não conhecer alguém que queira ficar com a planta e tentar revivê-la, deixe que ela retorne à terra colocando-a no lixo orgânico. Sei que isso parece duro e cruel e, não vou mentir, parte meu coração só de pensar. Mas infelizmente é necessário, pois ter uma planta em sofrimento permanente é muito pior que não ter planta nenhuma. Primeiro porque a planta não está feliz e não gosta de viver desse jeito. Mas também porque é uma representação de luta e sofrimento no corpo energético da sua casa, o que, é claro, se reflete em seu próprio corpo e em sua vida pessoal.

E, como minha mãe sempre diz, você pode se dar bem com certas plantas e não tão bem com outras, exatamente como acontece com as pessoas. O que significa que você deve, tanto por meio da intuição como por tentativa e erro, descobrir quais plantas crescem felizes sob seus cuidados e quais não. As plantas que vicejam são suas aliadas. Por exemplo, para mim, a trepadeira-jade é minha aliada e as rosas em miniatura não são. Gosto e admiro as minirrosas de outras pessoas, mas sei que algo na minha energia não permite que elas floresçam sob meus cuidados.

Ao ler essas descrições, tenha em mente que estou descrevendo minhas relações e experiências pessoais com as plantas e que as suas podem ser bem diferentes. Recomendo considerar cada descrição como um ponto de partida para seu próprio relacionamento, como se eu estivesse apresentando-a à planta numa festa.

Babosa

A babosa é como um avatar botânico, visto que é a manifestação física do amor puro e incondicional. Normalmente não recomendo ter em casa plantas que tenham formato de lâminas, visto que, de modo geral, elas não são muito amigáveis, mas a babosa é uma notável exceção. Ela é um mestre da cura, capaz de acelerar o tratamento de feridas físicas e emocionais. Depois de plantá-la, sintonize-se com sua energia e converse com ela, pedindo-lhe para ajudá-la em qualquer questão de cura ou para abrir o coração. Você pode plantá-la em qualquer lugar, mas o canto dianteiro esquerdo do seu jardim da frente (olhando a casa da calçada ou da rua) é excelente para cura e abertura do coração. E o canto traseiro direito do seu quintal de trás vai ajudar com a cura e as questões de amor que tenham a ver com romance, tais como mágoa ou trauma emocional. Pelo fato de a energia dela ser tão expansivamente amorosa e aberta, a babosa mantém a negatividade afastada. Além disso, como provavelmente já sabe, você pode tirar um pedaço da babosa e usar o gel como um bálsamo de cura inigualável para queimaduras e às vezes para cortes (embora não seja substituto para um antibiótico). E se você ou alguém da sua família precisar de uma ajuda extra com uma cura, você pode usá-la com o ritual de cura da babosa apresentado a seguir.

A babosa cresce mais saudável ao ar livre ou num vaso perto de uma janela, em plena luz do sol ou parcialmente à sombra. Além disso, ela não requer muitos cuidados e raramente precisa ser regada. Ela gosta mais de dar do que de receber.

Ritual de Cura da Babosa

Este ritual vai estimular poderosamente seu processo de cura ou o de algum membro da sua família, ajudando a curar problemas físicos e emocionais.

INGREDIENTES:

1 pé de babosa, dentro de casa num vaso ou fora de casa num jardim, floreira ou vaso

1 pedaço de quartzo rosa (purifique-o antes – ver Capítulo 6)

Sente-se de frente para a planta e segure o quartzo rosa nas mãos. Respire fundo várias vezes e relaxe. Comece a entrar em sintonia com a energia da babosa. Quando se sentir pronta, converse com a planta mentalmente ou em voz alta. Diga-lhe do que está tentando se curar e peça-lhe para ajudá-la nesse processo de cura. Também carregue o quartzo rosa com sua intenção de cura. Depois, enterre o quartzo rosa perto da base da planta como uma oferenda. Agradeça à babosa pela ajuda e cuide dela com amor e sem excessos – lembre-se: ela gosta da luz do sol, mas não de atenção demais.

Bambu (Dentro de Casa)

O bambu tem uma energia alegre e estimulante. Acima de tudo, ele traz alegria. E essa alegria pode se expressar na forma de sucesso, sorte e prosperidade. Isso porque a alegria é magnética e atrai condições favoráveis. Gosto de pôr um bambu de verdade no banheiro para contrabalançar a energia que escoa junto com a água, ou nas áreas da saúde e dos relacionamentos familiares, da gratidão e da prosperidade, do esplendor e da reputação ou da serenidade e da autoestima, para intensificar as energias associadas a essas respectivas áreas. Ele também é uma planta ótima para se levar a qualquer área que dê a impressão de ser fria e estéril, uma vez que evoca sensações de vida e risadas. E é também um grande aliado se você está tentando sair de situações de pânico ou depressão.

O bambu tem uma energia tão alegre e ensolarada que não gosta da luz direta do sol. Ele pode até sobreviver, mas é provável que perca a cor ou as folhas sequem. Mantenha-o na água fresca e fora da luz direta. Ele pode vicejar até num cômodo sem janelas.

Manjericão

O manjericão é um camaradinha bem animado. Ele concede as dádivas mágicas pelos quais todos anseiam: amor, paixão, riqueza, sorte e poder de atração. Um pé de manjericão plantado em qualquer lugar do seu jardim vai ajudá-la a ficar mais bonita e fascinante. Se quiser dar um impulso extra em sua sorte ou nas finanças, plante manjericão perto da porta da frente ou em qualquer lugar ao longo da cerca dos fundos do quintal. Usar o manjericão fresco num prato, como o macarrão ao pesto, vai intensificar a paixão e o amor por si e pela pessoa para quem você servi-lo. Folhas de manjericão acrescentadas à água com que você limpa o piso da sua casa vão atrair sorte e prosperidade.

O manjericão no jardim adiciona um ar de magia e espiritualidade à energia da sua casa. (Lembre-se, o manjericão fica mais bonito ao ar livre, em plena luz do sol.) E algumas folhas de manjericão fresco acrescentadas à água do banho podem intensificar seu poder de atração, como no ritual a seguir.

Banho de Manjericão para Aumentar seu Fascínio

Este banho é excelente para qualquer ocasião em que você queira aumentar o seu poder de atração a ponto de "enfeitiçar" a outra pessoa. Os efeitos duram em torno de seis horas e depois começam lentamente a diminuir, até você voltar ao normal. Por isso é ótimo para um evento específico em que você queira exibir o melhor de si, como um encontro, uma festa ou uma entrevista. Ah, e só faça esse banho uma vez a cada ciclo lunar, ou ele vai deixar de fazer efeito.

INGREDIENTES:
8 folhas frescas de manjericão
½ xícara de açúcar orgânico
1 vareta de incenso de baunilha
Uma vela branca

Prepare um banho de banheira quente ou morno. Coloque a vela e o incenso perto da banheira e os acenda. Coloque o manjericão e o açúcar na água e mexa um pouco, no sentido horário, com a mão direita. Coloque as mãos espalmadas sobre a água e visualize uma luz branca muito brilhante caindo das alturas, atravessando o topo da sua cabeça, descendo para o coração, passando pelos braços, pelas mãos e entrando na água. Imagine a água formando um turbilhão e pulsando com a energia magnética da atratividade fascinante. Fique dentro da banheira por 40 minutos ou até que o incenso queime completamente. Sinta-se à vontade para ler durante o banho, mas apenas leituras estimulantes e positivas.

Ciclame

O ciclame é um amigo querido e tem me ajudado durante alguns períodos bem difíceis. Ele é o psicoterapeuta do jardim, ajudando com questões profundamente arraigadas relativas à sexualidade e ao abuso sexual. Quando você cuida do ciclame, ele cuida de você, entrando com suavidade no seu campo energético e trazendo à tona os problemas, para que você possa lidar com eles e enviá-los para a alma da terra, onde ocorre a decomposição e uma purificação profunda. O ciclame é também um carinha para se ter por perto para ajudar a processar seus sentimentos. Escolha uma cor ou as cores que lhe pareçam mais terapêuticas e reconfortantes.

O ciclame se desenvolve melhor em plena luz do sol, quando o clima está mais fresco, e na sombra, nos dias mais quentes.

Jiboia

A jiboia é a princesa das plantas de interiores. Com suas folhas abundantes e fluidas ou caindo em cascatas de floreiras suspensas, como uma fonte de dinheiro verde, estriado de amarelo e em formato de coração, ela purifica as áreas de energia estagnada, como em cima de armários altos ou prateleiras. Tem uma energia bastante amigável, estimulante, purificadora e abundante, e é fácil de cuidar.

Tudo de que a jiboia precisa é amor, luz e regas ocasionais. Ela geralmente vai bem com qualquer tipo de luminosidade interior.

Hortênsia

A hortênsia é a sábia anciã do jardim. Num piscar de olhos, ela pode ver o que há no fundo do coração e da mente de todos os seres humanos, seja quando eles entram fisicamente no seu espaço ou quando enviam sua energia em forma de encantamento, oração ou intenção. E não só isso: ela pode desemaranhar, transmutar e redirecionar toda a negatividade e hostilidade, de modo que você fique a salvo de qualquer ataque psíquico, mal físico e vibrações ruins em geral. Ela deve ser incluída em sua lista de instrumentos de proteção, por isso, ao plantá-la, tenha uma conversa mental com ela, pedindo-lhe respeitosamente que zele por você e proteja a energia que preenche e cerca a sua casa. A reação dela a mudanças sutis de energia pode ser percebida pela sua característica de mudar de cor em resultado de ligeiras alterações no pH do solo. Para fins de proteção, ela fica melhor no jardim, mas você também pode plantá-la no quintal para ter uma proteção extra caso se sinta de alguma forma vulnerável em relação à entrada dos fundos ou às janelas, ou apenas porque essa planta é linda. E, se quiser, você pode invocar de modo mais formal o aspecto protetor da hortênsia com o ritual a seguir.

A hortênsia floresce melhor ao ar livre, em plena luz solar. Em climas extremamente quentes, ela gosta de um pouco de sombra.

Sistema de Segurança da Hortênsia

Observação: este ritual não é (evidentemente) um substituto para a segurança física da sua casa, uma vez que o mundo efêmero da magia sempre trabalha em conjunto com o mundo físico da matéria, de modo que os dois mundos se complementem e se fortaleçam mutuamente.

INGREDIENTES:

Algumas hortênsias, de qualquer cor
Uma vareta de incenso de olíbano
Uma pedra de quartzo transparente para cada planta (certifique-se de purificá-los – ver Capítulo 6)

A quantidade de hortênsias depende da sua situação e entusiasmo. Por exemplo, num apartamento você pode ter só um vaso ao lado da porta da frente; numa casa você pode plantar hortênsias pelo perímetro todo do jardim ou só uma ou duas ladeando a porta da frente e uma perto da porta dos fundos. Se quiser de fato uma abundância de vibrações positivas, pode plantar muitas delas.

Antes de plantá-las e/ou dispor as hortênsias em vasos, junte-as num ponto central e coloque o incenso perto delas, mas não tão perto que as queime ou as aqueça de modo desconfortável. O ideal é que a fumaça suba e fique ao redor das folhas; assim, procure pôr o incenso no centro, se tiver vários vasos. Acenda o incenso. Segure os cristais de quartzo nas mãos e respire fundo algumas vezes. Então entre em sintonia com as hortênsias e comunique-se com elas, mentalmente ou em voz alta. Lembre-se de que elas são muito sábias. Elas vão entender de uma maneira bem profunda se você explicar exatamente por que está pedindo a ajuda delas e exatamente os tipos de pessoas e/ou energia contra as quais você quer proteção. Depois que tiver contado seus desejos, veja se consegue vê-las aceitando a missão (o que elas vão fazer). Então, agradeça-lhes do fundo do coração e enterre um quartzo perto de cada uma de suas bases. Agora você está pronta para posicioná-las ou plantá-las em locais estratégicos da casa.

Trepadeira-jade

A trepadeira-jade é uma suculenta com folhas verdes pequenas, redondas e brilhantes. Para mim, há algumas plantas que parecem membros da minha família e essa é uma delas. Durante muitos anos tive em casa pelo menos uma trepadeira-jade. Ela exala uma energia de prosperidade forte, mas sutil, e ajuda você a aprender a se sentir firme e estável com relação às finanças. Sua característica mais forte é influenciar a prosperidade. Por exemplo, ela pode se multiplicar exponencialmente. Se você puser um pequeno ramo da jade na água, ela vai criar raízes e aí você poderá plantá-la num vaso ou ao ar livre. Então ela vai florescer e parecer úmida e vibrante com bem pouca água. Essa planta vai bem tanto em plena luz do sol quanto na sombra. Se você cuidar bem da sua jade, ela é como uma professora que partilha seus segredos de prosperidade através do exemplo.

A trepadeira-jade vai bem dentro ou fora de casa, no sol ou na sombra. Seu lema é "sabendo usar não vai faltar" e, portanto, ela odeia ser encharcada. Fora de casa, ela pode preferir não ser regada, a não ser que esteja num vaso.

Lavanda

A lavanda é uma velha aliada dos praticantes de magia. Ela tem uma fragrância doce, calmante, relaxante e rejuvenescedora, além de uma altíssima vibração espiritual. Atrai as fadas para que entrem no seu jardim em bandos e façam dele a sua morada. E isso traz enormes bênçãos para todas as áreas da sua vida. As lavandas plantadas na frente da sua casa podem purificar e elevar as pessoas, melhorando a energia delas ao deixar o mundo exterior e entrar no espaço sagrado e mágico que é a sua casa.

A lavanda se desenvolve melhor ao ar livre e em plena luz do sol.

Pinheiro

O pinheiro é uma verdadeira joia. Ele é uma alma vigorosa, porém gentil, que absorve alegremente o excesso de negatividade e a transforma em amor. (Essa ação se reflete, no reino físico, na drenagem das toxinas do ar.) Ele suaviza os efeitos de palavras e sentimentos ríspidos e ajuda a criar uma sensação geral de paz e harmonia no espaço. Manter um pinheiro num vaso é também uma ótima alternativa para o corte desnecessário de árvores novas no Natal. Você pode decorá-lo em dezembro e depois deixá-lo sem enfeites, durante o resto do ano. O pinheiro cresce melhor dentro de casa, perto de uma janela.

Rosa

A rosa é a soberana do jardim. Cultivada, mas ainda puramente natural e extremamente bela, é considerada a flor com a vibração mais alta de todas as coisas vivas. No jardim, ela produz sentimentos de devoção espiritual, inspiração e conexão com Tudo O Que É. Sua energia é também muito romântica, apaixonada e purificadora. Embora as rosas apresentem-se em incontáveis tons e diversas variações de cores, eis algumas características de cada uma de suas cores:

> **Amarela:** Só recomento plantar rosas amarelas se você também puder plantar rosas vermelhas e cor-de-rosa perto delas. As rosas amarelas têm uma energia que ancora, o que é bom, mas sem as cor-de-rosa e vermelhas elas podem causar sentimentos de tédio, ciúmes e/ou aprisionamento na vida sentimental
> **Branca:** especialmente purificadora e terapêutica; conexão com o amor universal/energia da luz
> **Branca com pintas vermelhas:** devoção pura pintalgada mesclada com paixão profunda e permanente
> **Cor-de-rosa claro:** especialmente o amor romântico, doce, leve e divertido

Fúcsia (cor-de-rosa forte): paixão pela vida, autoestima, amor e aceitação do corpo físico e da aparência
Lilás: espiritualidade iluminada e beleza física
Pêssego: paz, bondade, espiritualidade, amizade
Vermelha: paixão; amor romântico profundo, físico e espiritual, que penetra fundo no coração.

As rosas crescem melhor ao ar livre sob plena luz solar, com talvez um pouquinho de sombra.

Gerânio

O gerânio cor-de-rosa é como a diva do jardim, extremamente feminino embora forte e dinâmico. Tem tudo a ver com o chakra do coração. Abre o coração para o amor, traz suavidade, eleva vibrações e atrai as fadas do romance.

O gerânio se desenvolve melhor ao ar livre em pleno sol. Se o clima for excessivamente quente, ele prefere a sombra durante as horas mais quentes da tarde.

Alecrim

Um velho amigo dos sábios, essa planta é pungente e doce ao mesmo tempo. Eleva o estado de ânimo e energiza a mente, intensificando a lucidez, o foco mental positivo e o poder mágico. Cultivado no jardim da frente, o alecrim ajuda a mulher que quer assumir publicamente que é a "chefe da casa". Cultivado no quintal dos fundos, o alecrim dá mais força e autoridade à mulher da casa, o que em geral é mais conveniente, pois assim ele confere mais harmonia e equilíbrio a todos.

Ainda assim, qualquer um desses padrões pode ser positivo ou negativo, dependendo do seu relacionamento com o resto da família e a sua situação. Por exemplo, se um relacionamento está desequilibrado, com a parte masculina detendo poder demais e a parte feminina, muito pouco, plantar alecrim no jardim pode conferir mais equilíbrio ao relacionamento. Onde quer que floresça, o alecrim transforma seu jardim num poderoso santuário mágico. Se quiser conselhos sobre como ter maior clareza e poderes mentais, o alecrim é excelente. Basta relaxar, entrar em sintonia e silenciosamente apresentar sua pergunta. Então, preste atenção às impressões, imagens ou ideias que vierem à sua mente. Você também pode colocar um raminho de alecrim fresco em seu local de trabalho ou em sua área de estudo para essa finalidade.

O alecrim cresce melhor ao ar livre e em plena luz do sol.

Arruda

A arruda não brinca em serviço. É uma planta protetora, de extrema eficácia, que neutraliza e repele os espíritos, vibrações e entidades negativas. Por causa da sua intensidade, não recomendo plantá-la no seu jardim, a menos que você esteja precisando muitíssimo e se sinta cercada de negatividade por todos os lados. Se você sentir vontade de trabalhar com a arruda, plante-a ao redor do exterior da sua casa e peça-lhe para combater a negatividade (na forma de espíritos, pessoas, situações etc.). Se as plantas por acaso morrerem, pode ser porque absorveram e repeliram tanta negatividade que isso as matou. Se isso acontecer, agradeça-lhes pelo serviço e deseje-lhes um amoroso retorno à terra. Em seguida, faça uma defumação no interior e no exterior da casa com sálvia branca, certificando-se de realizar o fortalecimento dos três segredos para dissipar e repelir qualquer negatividade remanescente. Tenha cuidado com a arruda, pois ela causa irritação cutânea em algumas pessoas. A arruda se desenvolve melhor ao ar livre e em plena luz solar.

Sálvia

Se a hortênsia é a sábia anciã, a sálvia é o sábio ancião do jardim. Semelhante ao proverbial guru barbado que vive no topo da montanha, a sálvia tem uma energia muito antiga e cheia de conhecimento. A sálvia no jardim ancora e confere uma atmosfera mística. Ela purifica a energia com um perfume e uma vibração ao mesmo tempo terrena e etérea, e, além disso, transfere sutilmente sua sabedoria para você enquanto você cuida dela. Um benefício adicional de se plantar sálvia é que se pode colher vários raminhos e secá-los, formando uma trouxinha amarrada com barbante para usar como varinha defumadora (ver Capítulo 10).

A sálvia se desenvolve melhor ao ar livre e em pleno sol.

9

Animais Aliados

ANIMAIS ALIADOS DENTRO e ao redor da casa, vivos ou representados artisticamente, nos concedem com generosidade seus dons e suas energias mágicas únicas. Eis aqui alguns animais que podem ser úteis na sua prática de cuidar da casa com magia, e algumas ideias de como convidar e incentivar a presença deles na sua casa e na sua vida.

Aves (em geral)

As aves representam liberdade, leveza, alegria, mensagens divinas, voos da imaginação e o elemento Ar, que está associado aos pensamentos, palavras e ideias. Por causa dessas qualidades, as imagens das aves são excelentes para as áreas do esplendor e da reputação; da criatividade e da diversão e da serenidade e da autoestima. Elas também podem ser positivas para a área da sincronicidade e dos milagres, pois representam viagens rápidas e ajuda divina. Certifique-se de que nunca pareçam estar voando pela porta ou pela janela, ou saindo da casa ou do cômodo, pois isso vai simbolizar perda de energia e recursos.

Em geral não recomendo passarinhos como animais de estimação, já que isso requer uma gaiola e às vezes envolve o corte das asas, o que não é uma afirmação positiva para sua própria vida, sem falar que são práticas cruéis com as aves. Contudo, alimentadores de pássaros, casinhas e banheiras de pássaros são ótimas maneiras de vivenciar a magia das aves vivas ao redor da sua casa.

Borboleta

As borboletas representam transformação, renascimento, elevação do mundano para o milagroso, beleza, romance, magia, imaginação e felicidade. Se você vir uma borboleta no jardim, isso pode significar que há fadas por perto. As imagens de borboletas são excelentes para a área do esplendor e da reputação, pois a borboleta se transforma de uma lagarta numa espetacular criatura alada, a *superstar* indiscutível do reino dos insetos. Uma representação artística de duas borboletas na área do amor e do casamento pode significar felicidade conjugal. Uma foto ou figura de borboleta na área da serenidade e da autoestima pode apoiar seus esforços para transformar seu corpo, mente e/ou espírito. Imagens de borboleta na área da saúde e dos relacionamentos familiares podem representar um ou mais entes queridos que passaram desta vida para a próxima. As borboletas na área da criatividade e da diversão aumentam a inspiração e a alegria.

Por mais tentador que possa parecer, por favor, jamais coloque casulos em potes fechados, pois é muitíssimo importante que as lagartas sintam o ar livre à sua volta enquanto passam pela sua metamorfose.

Gato

Meu favorito. Os gatos são sagrados e representam poder mágico, intuição e sabedoria. Também representam independência, sensualidade, liberdade, limpeza, ferocidade calma, agilidade e discrição. Os gatos estão em conexão com a energia lunar feminina da noite.

Pode ser bom levar uma ou mais representações artísticas de gatos para suas áreas da serenidade e da autoestima, do esplendor e da reputação ou da criatividade e da diversão, para intensificar qualquer dessas áreas da vida com as energias mágicas associadas a esses animais.

Os gatos são meus queridos aliados e membros da família, portanto perdoem-me se pareço arrogante, mas preciso partilhar alguns conselhos com qualquer um que conviva ou tenha a intenção de conviver com um gato:

- Não corte as garras do gato! Não é a mesma coisa que cortar as unhas, é como cortar os *dedos*. Os gatos usam as garras para tudo. Se estiver preocupada com a mobília, e mesmo que não esteja, arranje um arranhador para gatos.
- Se tiver um gato, pense seriamente em ter mais um, para que façam companhia um ao outro quando você estiver fora. (Especialmente se o seu gato fica dentro de casa o tempo todo.) Se adotar um segundo gato um pouco mais jovem que o primeiro e que seja do sexo oposto, eles podem fazer amizade mais rapidamente. Ter dois gatos é também uma afirmação positiva de um relacionamento saudável, além de ajudar você a conhecer os aspectos singulares da personalidade desses felinos à medida que for percebendo as diferenças entre eles.
- Nem sequer preciso dizer que você deve castrá-los, porque é claro que você já sabe.

- Ofereça-lhes erva-de-gato orgânica ou fresca. Ela é a mais querida aliada dos felinos no reino vegetal e quem somos nós para negar isso? (Mas se eles tiverem menos de um ano, podem não gostar da erva ainda.)
- Adote um gato sem dono! Por favor, evite comprar um gato quando há tantos desamparados neste mundo precisando de um lar.

É claro que você não deve adotar um gato só por esse motivo. Mas ter um em casa faz a energia circular de maneira saudável, já que os gatos têm a tendência de escalar, explorar e bisbilhotar cada cantinho da casa, o que faz a energia circular e evita que fique estagnada.

Cachorro

Ah, como gosto de cães! Eu falei que os gatos são meus favoritos? Bem, os cachorros também são. Eles representam lealdade, amizade, alegria, felicidade, proteção e amor incondicional, e levam essas qualidades para a sua vida.

Imagens de cães nas áreas do esplendor e da reputação, ou da criatividade e da diversão, conferem propriedades mágicas a essas áreas da sua vida.

Se você tem ou está pensando em ter um ou mais cães, eis minha modesta contribuição para tratá-los com amor e respeito:

- Deixe o cachorro entrar e dormir dentro de casa. Não é uma atitude espiritual ou compensadora, do ponto de vista mágico, tratar os seus animais de estimação como se você fosse superior a eles só porque pertence à espécie humana. Além do mais, lá fora às vezes está muito frio ou muito quente.

- Considere deixar seu cão subir na cama e no sofá. Se a sua decoração é mais importante que o conforto e a felicidade de seu melhor amigo, suas prioridades precisam ser revistas.
- Jamais adote um cão a não ser que você possa lhe dar bastante tempo e atenção. Esses camaradinhas vivem para dar e receber amor, e para fazer companhia 24 horas por dia, 7 dias por semana. Reflita antes de adotar um cachorro do mesmo jeito que refletiria antes de adotar uma criança.
- Mais uma vez nem preciso dizer: castre seu cão.
- Adote! Por favor, não apoie financeiramente os criadores de cães quando há tantos cães sem lar neste mundo. Além disso, pagar por um cachorro é coisa do século passado! (Se realmente quiser um cão de uma determinada raça, tente procurá-lo em abrigos de animais abandonados, pois existe uma grande chance de você encontrar um lá.)

Dragão

Os dragões representam expansividade, sucesso estrondoso, fama, sorte e felicidade. Para levar essas bênçãos para sua vida, a área do esplendor e da reputação é o melhor lugar para as imagens de dragão. Mas esteja preparada: os resultados podem ser intensos, especialmente se combinados com o fortalecimento dos três segredos. E se quiser mesmo resultados intensos, confira o encantamento abaixo:

••••••••••••••••••••••••••••••••••
O Famoso Amuleto do Dragão

Este é um amuleto que vai ajudá-la a expressar e expandir seu poder pessoal e ser reconhecida por seus talentos maravilhosos. (Nem todos querem estar na capa das revistas, mas há outros jeitos de brilhar, como ser famoso em certos círculos ou por ter talentos e capacidades únicas.)

INGREDIENTES:
    Um emblema de dragão de sua preferência (dica: consulte um site sobre karatê)
    Feltro vermelho, laranja ou rosa-choque
    Fita vermelha, laranja, amarela, cor-de-rosa e/ou dourada
    Uma passamanaria que combine com a fita
    Calêndula seca (uma erva) e/ou pétalas de girassol secas
    Agulha e linha

Corte dois quadrados de feltro de um tamanho que caiba o emblema do dragão. Vire um dos quadrados de modo que se torne um losango e costure o emblema nele. Costure os quadrados juntos pelas bordas, deixando um dos lados aberto. Encha o amuleto com a calêndula e/ou as pétalas de girassol e costure a abertura. Prenda a fita ou fitas numa laçada na parte superior e prenda a passamanaria na parte inferior, de modo que fique pendente. Segure-o com as duas mãos, respire fundo algumas vezes, feche os olhos e visualize/sinta-se irradiando sua luz única para o mundo com o coração cheio de alegria. Também visualize/sinta como seria ser conhecida e reconhecida no mundo, de todas as maneiras que você mais quer. Você pode imaginar seu telefone tocando sem parar, ou multidões a ovacionando, ou você recebendo um prêmio, ou qualquer coisa que irá acontecer quando o mundo todo tomar conhecimento de seus talentos. Em outras palavras, deixe sua imaginação voar e sinta-se bem com isso. Então, dirija mentalmente uma luz dourada muito brilhante (como a luz do sol) para o amuleto. Pendure-o em algum lugar em sua área do esplendor e da reputação, e prepare-se para o sucesso.

Libélula

As libélulas estão repletas da energia das fadas. Se você vir uma libélula no jardim, pode ter certeza de que há fadas por perto. As libélulas são criaturas que não pertencem a este mundo; como uma ponte entre o reino material e o reino das fadas, elas ajudam a nos guiar em direção às fronteiras entre esses dois mundos, para que possamos começar a ver além do tênue véu que existe entre eles.

Imagens de libélula na área do esplendor e da reputação vão expandir o modo como você é conhecida no mundo; e essas imagens na área da criatividade e da diversão vão aprofundar seu senso de extravagância e magia e incrementar a sua imaginação.

Peixe

O peixe representa abundância e uma alegre serenidade. Por esse motivo, as imagens de peixes são excelentes para as áreas da gratidão e da prosperidade, e da serenidade e da autoestima. Além disso, se essas imagens forem originais, podem ser ótimas para a área da criatividade e da diversão. Mas elas também podem ser perturbadoras, se o peixe parecer estar nadando porta afora ou em direção ao exterior da casa. Isso vai simbolizar a energia fluindo para longe de você, e não na sua direção.

Algumas pessoas, inclusive consultores de feng shui, não vão concordar comigo nesse ponto, mas não recomendo ter peixes vivos em casa (embora os laguinhos sejam geralmente melhores que os aquários.) Isso porque, diferentemente de gatos e cães, os peixes adotados ou são criados ou capturados, o que não me agrada, pois não gosto de tratar os animais de um modo que eu não gostaria de ser tratada. E pelo fato de eles não serem domesticados em relativa liberdade, um aquário ou laguinho vai representar uma prisão para eles, e animais aprisionados dentro ou perto de casa provocariam e perpetuariam sensações de aprisionamento em certas áreas da nossa própria vida. Além disso, nesses locais os peixes dependem completamente da nossa capacidade de conservar a água na temperatura perfeita, com a limpeza e a alcalinidade certas e a quantidade correta de comida, o que, na minha opinião, é uma responsabilidade grande demais na agitação do dia a dia. No entanto, algumas de vocês, leitoras, podem ser verdadeiras especialistas em criação de peixes e podem entrar em sintonia de modo tão perfeito com seus peixes que seriam capazes de dizer, só de olhar para eles, que vivem mais felizes que pintinhos no lixo. Se for esse o seu caso, longe de mim interferir.

Como alternativa para os peixes de verdade, tenho um DVD de aquário animado por computador que parece bem real, e adoro convidar a energia dos peixes para entrar na minha casa transformando minha televisão num aquário virtual.

Rã

As rãs representam o elemento água e trazem sorte e felicidade. Uma estatueta de rã perto da porta atrai sorte, e as imagens de rãs também são excelentes para esse fim, na área da gratidão e da prosperidade. As rãs não gostam de viver presas e não recomendo tê-las como animais de estimação.

Saudação da Rã para Dar Sorte

Este é um ritual simples, porém superpoderoso, que lhe trará uma grande dose de sorte, doçura e felicidade na vida.

INGREDIENTES:

Um vaso de trepadeira-jade
Uma rãzinha de plástico, borracha ou cerâmica
15 moedas reluzentes

No dia ou na noite de lua nova, coloque a trepadeira-jade perto da porta da frente. Segure a rã nas mãos em concha. Traga-a para perto da boca e sussurre:

*Obrigada por me trazer
boa sorte e felicidade.*

Coloque a rã no vaso da trepadeira-jade, de modo que ela fique virada para qualquer pessoa que apareça na sua porta de entrada, como se estivesse espionando essas pessoas. (A rãzinha não precisa estar completamente escondida, mas é melhor que não esteja muito à vista, o que não deve ser tão difícil já que ela é bem pequena.) Em seguida, enterre uma moeda perto da base da planta como uma oferenda a ela e à rã. A cada dia ou noite, abaixe-se até onde está a rãzinha, coloque as mãos em concha e sussurre de novo:

*Obrigada por me trazer
boa sorte e felicidade.*

Então, enterre outra moeda. Continue a fazer isso uma vez por dia até que todas estejam enterradas, o que será no dia de lua cheia.

Cavalo

O cavalo representa impetuosidade, rebelião, força e liberdade. Se escolher representações artísticas de cavalos, sugiro imagens que os representem em estado selvagem, em vez de domesticados. Além disso, certifique-se de que não pareçam estar fugindo pela porta ou da sua casa, já que isso representaria e perpetuaria uma perda de energia e recursos.

Imagem de dois cavalos na área do amor e do casamento pode ser uma afirmação positiva de um relacionamento em que ambos os parceiros mantêm seu poder pessoal e sua liberdade. Quando colocados na área do esplendor e da reputação, os cavalos intensificam o modo como você é vista no mundo. Na área da criatividade e da diversão, eles a ajudam a expressar sua criatividade selvagem. E na área da serenidade e da autoestima, eles a auxiliam a entrar de novo em contato com sua força, impetuosidade e liberdade.

Beija-flor

Os beija-flores são pura alegria, energia, doçura, vibrações altíssimas, manifestações alegres de seus desejos profundos, a luz e os aspectos engraçados do amor romântico e da energia das fadas.

Tenho um bebedouro de beija-flores bem do lado de fora da área do esplendor e da reputação em casa e, desde que o coloquei ali, meu namorado, que é compositor de músicas, e eu temos tido grande sucesso em nossas respectivas carreiras. Não só isso, mas recebemos visitas de beija-flores o tempo todo, e saudá-los sempre ilumina nosso dia.

Se você pendurar um bebedouro de beija-flores, certifique-se de manter sempre o néctar fresco, limpando bem o bebedouro e trocando sempre a água. Você pode colocar um bebedouro em qualquer lugar do jardim, mas outros locais excelentes seriam perto da área do amor e do casamento, para trazer energia e doçura para sua vida amorosa, ou perto da área da criatividade e da diversão, para trazer energia e imaginação a seus projetos artísticos e um senso de graça e magia à sua vida. Se houver uma área em seu jardim aonde ninguém vai, como um jardim lateral, é uma boa ideia colocar um bebedouro de algum tipo (de beija-flores ou outra ave) nessa área, só para acrescentar um pouco de energia vibrante e movimento. Não importa onde você o pendure, é melhor que o veja através de uma janela de dentro de sua casa, para que possa desfrutar da visão e também se lembrar de trocar o conteúdo por água e néctar frescos.

Leão

Os leões nos ensinam como sermos reis ou rainhas do nosso destino. Se você estiver pronta para irradiar sua luz com um ar de realeza e autoridade, pode espalhar imagens de leão pela casa. Os leões também representam calma ferocidade, o Sol e o elemento Fogo.

Na área do esplendor e da reputação, os leões nos ajudam a sermos reconhecidos como pessoas poderosas e régias, e a afirmar nossa autoridade no mundo exterior. Na área da serenidade e da autoestima, os leões nos ajudam a respeitar nosso poder e a defender a nossa autoridade sobre a nossa própria vida.

Coruja

As corujas representam a energia divina feminina, a energia lunar e da noite, a sabedoria, os segredos e a vida após a morte. Se você quiser ser conhecida e respeitada em sua esfera de ação enquanto fica nos bastidores, convém colocar imagens de coruja em sua área do esplendor e da reputação. Se quiser intensificar sua sabedoria, sua sintonia com a lua, e/ou ocultar conhecimento, seria mais apropriado colocar imagens de coruja em sua área da serenidade e da autoestima.

Serpente

Nos círculos judaico-cristãos, as serpentes têm péssima reputação. Talvez porque representem um poder feminino antiquíssimo, bem como sensualidade e conexão com a terra. Ah, sei tudo sobre a história do Éden. Só que parece conveniente demais que a serpente tenha sido tão difamada na história da queda de Eva. Mas pode ser que eu seja apenas paranoica.

De qualquer maneira, vamos recapitular: a serpente representa um poder feminino muito antigo, sensualidade e conexão com a terra. As imagens de serpente ficariam excelentes na área do esplendor e da reputação, se você quiser ser conhecida como uma mulher muito poderosa. As serpentes também ficam bem na área da serenidade e da autoestima, se você estiver empenhada em reivindicar a plenitude do seu poder feminino ou se quiser se sintonizar mais profundamente com a Deusa e com a energia da terra.

Desculpe, mas nada de serpentes como animais de estimação. Elas querem ser livres!

Aranha

As aranhas representam a criatividade, o destino, a capacidade mágica e a energia feminina divina. Se você for como a maioria das pessoas, pode não se sentir especialmente inclinada a viver com aranhas ou com imagens delas. Contudo, considerando que elas não apenas são seres vivos, mas também aliadas de longa data dos praticantes de magia, é especialmente importante evitar matá-las ou destruir suas teias desnecessariamente. Se encontrar uma aranha em casa, pense em prendê-la debaixo de uma tigela, enfiar um papelão sob a tigela e soltá-la fora de casa. (Aliás, acabei de fazer isso com sucesso com um mosquito e fiquei bastante orgulhosa.) Além de salvar uma vida, outro benefício desse método é que você pode fazer uma pergunta à aranha, como vai descobrir na seção mais abaixo, "Pergunte à Aranha".

Você provavelmente vai achar (como eu) que precisa acabar com as teias de aranha que encontra dentro de casa, mas fora de casa sugiro que apenas as contorne, a não ser que estejam bem no meio de um caminho muito utilizado ou em algum lugar em que sem dúvida seriam destruídas de qualquer maneira (o que seria traumático para quem as destruísse). Acho que as aranhas partilham com você a antiga sabedoria e inspiração mágicas quando você intencionalmente admira o trabalho delas. Por esse motivo (e por razões puramente estéticas), desenvolvi grande admiração pela bela arte de tecer teias. Se você tem um medo irracional de aranhas, pode ser uma boa ideia investigar esse medo por meio da meditação, de um diário e/ou da visualização. É bem provável que, ao superar esse medo, suas capacidades mágicas se ampliem.

Se você se sentir inclinada a viver com imagens de aranhas, uma representação de uma ou mais aranhas na área da criatividade e da diversão daria um combustível extra para sua imaginação e projetos criativos. A área do esplendor e da reputação só seria um bom lugar para imagens de aranhas se você for como eu quando estava no ensino médio e quer ser conhecida de um jeito não convencional e gótico, como Marylin Manson ou Elvira, a rainhaa das trevas. Isso porque as aranhas não são vistas com bons olhos pela maioria da sociedade. A área da serenidade e da autoestima é um bom lugar para imagens de aranhas se você estiver estudando magia ou artes divinatórias.

Não recomendo manter tarântulas ou qualquer outra aranha como bichos de estimação, o que acarretaria seu aprisionamento, obviamente contra a vontade delas.

Pergunte à Aranha

Como já mencionei, toda vez que salvar a vida de uma aranha, em vez de matá-la, você ganha o privilégio de lhe fazer uma pergunta e receber uma resposta. As melhores perguntas para as aranhas têm a ver com criatividade, capacidade mágica e/ou intuição. Por exemplo, você pode perguntar à aranha algo como "Qual deveria ser meu próximo projeto criativo?" ou "Como posso aumentar minha intuição?" Ao levar a aranha de dentro para fora da casa, explique-lhe mentalmente que você está tentando fazer a elas um favor, para que não precise matá-la. Ela vai entender, porque sabe o que é matar um visitante acidental. Então faça a pergunta, mentalmente ou em voz alta, bem na hora em que estiver libertando a aranha. Depois de formular a questão, fique alerta, mas seja paciente. Sua resposta aparecerá, normalmente de um jeito silencioso, mas inconfundível, dentro de seis dias.

Tartaruga Aquática ou Terrestre

As tartarugas aquáticas e as terrestres representam o elemento Terra, estabilidade e longevidade. Suas imagens são extremamente reconfortantes e nos ancoram à terra. Se você estiver se sentindo estressada ou insegura, ou como se toda sua energia estivesse espalhada pelo ambiente, seria uma boa ideia arranjar uma estatueta ou foto de uma tartaruga para relaxá-la e trazê-la de volta à terra. Para essa finalidade, as áreas da sinergia, do equilíbrio e da felicidade e da serenidade e da autoestima seriam bons lugares para se colocar essas imagens.

As tartarugas, tanto as terrestres quanto as aquáticas, não são animais domésticos por natureza e preferem viver no ambiente natural; portanto, não recomendo mantê-las em casa.

....

Ritual de Fortalecimento da Tartaruga
(para Desacelerar o Ritmo no Dia a Dia, Ter Mais
Estabilidade e Determinação)

Se você acha que não consegue aproveitar a vida porque parece estar sempre correndo para lá e para cá, tentando cumprir uma sucessão aparentemente interminável de tarefas, este ritual é para você.

Arranje uma estatueta de cerâmica de uma tartaruga aquática ou terrestre de que você goste muito. (Pode ser de qualquer tamanho – apenas escolha algo apropriado para a área em que resolver colocá-la.) Pode ser em seu local de trabalho, perto da porta da frente, no seu local de meditação ou na área da serenidade e da autoestima – qualquer lugar que lhe pareça cheio de poder.

Coloque as mãos sobre a estatueta e entre em conexão com a tranquila solidez da tartaruga. Feche os olhos e visualize/imagine/sinta-se ancorada, serena e relaxada; também veja-se terminando tudo que está na sua lista de deveres com facilidade e sem esforço, e concluindo tudo o que deseja realizar. Sinta as sensações que acompanham o sentimento de dever cumprido: relaxamento, contentamento, alegria de viver, orgulho de suas realizações etc. Então diga:

Estou ancorada, estou serena. Realizo com facilidade todos os itens da minha lista de tarefas. Estou atenta à beleza do momento presente. Sempre tenho tempo de sobra. Concluo todos os meus projetos com sucesso. Obrigada, obrigada, obrigada. Abençoada seja. Assim seja.

10

Fumaça Sagrada e Aromas de Poder

NADA ATRAI, ANIMA E ENLEVA TANTO quanto uma fragrância. A fumaça e os aromas podem relaxar, energizar, curar, abençoar e elevar seu estado de espírito, abrir as portas para os reinos mágicos, estimular a criatividade, aumentar a abundância, reacender e intensificar o romance, eliminar a negatividade do ambiente, evocar bons espíritos e muito mais.

Métodos Mágicos de Difusão

Os aromas naturais podem ser difundidos de várias maneiras, de acordo com suas propriedades mágicas. São elas:

> **Incenso:** Não importa se você prefere varetas, cones ou pirâmides, queimar incenso é um método muito espiritual de se difundir aromas. Com sua fumaça subindo em direção ao céu e ao éter, o incenso é uma dádiva divina. Pode

levar desejos, intenções e orações ao reino da criatividade infinita, onde eles são plantados como sementes que acabam se manifestando no mundo das formas. O incenso também pode levar um ambiente mundano a um plano mais místico de existência.

Defumação: A defumação é a queima de trouxinhas de ervas secas. Ela geralmente é feita com sálvia branca, sálvia do deserto e erva-doce americana. As trouxinhas de defumação são mantidas na mão enquanto a fumaça sobe e se espalha pelo ambiente, para transformar ou intensificar de um modo específico, dependendo da planta e da intenção.

Óleos: Os óleos essenciais naturais podem ser disseminados por meio de um difusor com vela ou elétrico, ou outro produto de difusão aromaterápico encontrado em lojas. Você também pode despejar água fervente numa caneca, tigela ou pote com algumas gotas de óleo para liberar o perfume com o vapor. Os óleos essenciais agem num nível emocional. Vários perfumes e combinações nos beneficiam e nos transformam de várias maneiras, e podem nos ajudar a superar antigos padrões, oferecer ideias e perspectivas novas e afetar positivamente a nossa saúde e o estado de espírito de diversas formas.

Névoas aromaterápicas: Poções usadas em difusores, feitas com óleos essenciais, essências de flores e pedras, água e o poder da intenção, as névoas de aromaterapia agem nos níveis emocional e vibracional e permitem que você eleve a energia do seu espaço.

Velas: De soja ou cera vegetal feitas com óleos essenciais também infundem o ambiente com um perfume natural.* Além dos benefícios positivos de disseminar óleos essenciais naturais, acender velas atrai os bons espíritos e a energia divina e dá vida ao seu espaço. As velas, assim como o incenso, também podem ajudar na manifestação quando você as acende com intenções específicas em mente.

A seguir, você vai descobrir as propriedades mágicas e metafísicas, e os usos de diversos tipos de incenso, rolos de defumação e óleos, e também vai aprender como criar suas próprias névoas aromaterápicas e acender velas em seu espaço, para ajudar a inspirar um estado de espírito ou manifestar uma intenção.

Incensos

Cedro

O cedro atrai tanto as energias terrestres quanto as divinas e é, portanto, extremamente espiritual por natureza. Ele purifica a energia e protege contra energias e influências negativas, elevando as vibrações do ambiente e invocando o aspecto masculino da energia divina. O cedro pode fortalecer a saúde, a clareza mental e o espírito de resolução, além de estimular a meditação, a oração e outras buscas espirituais.

Canela

A canela tem uma vibração extremamente alegre e elevada. Ela traz calor e alegria, e movimenta a energia de um modo saudável. É

---

* As velas de soja e de cera vegetal produzem menos fuligem, mantêm sua casa e seus pulmões limpos e são melhores para o ambiente do que as velas comuns. As velas de cera de abelha são saudáveis e ecológicas, mas eu pessoalmente prefiro não explorar as abelhas. Certifique-se também de que o pavio seja feito de barbante, mas não encapsulado em metal, pois, aquecido, o metal libera toxinas no ambiente.

também muito espiritual e acessa os altos níveis de consciência para nos ensinar os aspectos espirituais de uma vida abundante, o que inclui nos amarmos profundamente, nos tratarmos bem, nos alegrarmos e estarmos dispostos a receber e a seguir nossos caminhos únicos, nos libertando de conceitos ultrapassados relacionados a dinheiro e sistemas de crença.

Copal

O copal abre as portas entre os reinos e convoca bons espíritos para dentro do seu espaço. Ele também pode ser usado para purificações extremamente profundas e liberação de uma energia negativa persistente, como no caso de uma entidade presa à terra (ou seja, um espírito sofredor) que esteja na sua casa. (Veja o capítulo seguinte para mais informações sobre os espíritos.)

Olíbano

O olíbano é pura espiritualidade. Eleva vibrações, protege, purifica, cria um espaço sagrado e sintoniza você com o Divino.

Nag Champa

Para mim, há algo acerca do Nag Champa que me transporta para outro mundo, de uma maneira doce e deliciosa. Para muitas pessoas que gostam de incenso, o Nag Champa é o incenso para todas as horas, pois tem um preço baixo e a capacidade de elevar a consciência e as energias do ambiente. Seu cheiro é doce, levemente floral, terroso e aéreo, tudo de uma vez. Considero esse o incenso mágico para tudo. Ele atrai bênçãos, energia divina e espíritos iluminados, ajuda a manifestar qualquer coisa que você queira (romance, abundância, sucesso, criatividade etc.), purifica a negatividade, eleva as vibrações, relaxa a mente, acalma o corpo e alegra o espírito. Uma das pessoas que, como eu, adora o Nag Champa é Bob Dylan, que gosta de acender vários em seus shows.

Patchuli

O patchuli é a pura energia da Deusa Terra, e, como tal, permite que nos deliciemos com os prazeres físicos ao nos conectarmos com nosso corpo e com as bênçãos abundantes do reino físico. O patchuli nos conecta com a terra, nos ajuda a manifestar abundância e a apreciar os aspectos físicos do romance harmonioso. Se você estiver muito "na cabeça" ou "aérea", o incenso de patchuli pode ser o incenso certo para trazê-la de volta ao seu corpo e ao glorioso prazer do momento presente e de todas as bênçãos que ele traz.

Rosas

O incenso de rosas traz a energia da Deusa em seu aspecto Mãe Divina e é, portanto, doce, carinhoso, receptivo, amoroso e aberto. A rosa vibra numa frequência altíssima, sendo também espiritual e edificante. Na forma de incenso, ela ajuda a manifestar os aspectos espirituais do romance harmonioso.

Baunilha

O incenso de baunilha é doce, etéreo e terroso, e atrai bênçãos na forma de romance, luxo e abundância. Ele ajuda na manifestação, auxiliando-a a se amar como você é, o que libera os canais para você receber o que deseja.

Rolos de Defumação

Os rolos de defumação (*smudge sticks*) são trouxinhas amarradas ou trançados de ervas secas, que são carregados e acesos, como o incenso, ao redor de um cômodo ou numa área, para propiciar mudanças energéticas com o poder mágico da fumaça.

Você pode comprar rolos de defumação pela internet ou em lojas de produtos esotéricos, ou fazer seu próprio rolo. Para tanto, simplesmente corte sálvia fresca e amarre-a firmemente num feixe em forma de varinha, com uma corda de cânhamo ou barbante de algodão. Então, coloque o rolo para secar.

Trouxinhas de Sálvia branca

Se você puder ter apenas um instrumento ou ingrediente de magia para cuidar da casa, opte pela trouxinha de sálvia branca. Isso porque queimar sálvia branca eleva vibrações, libera energias estagnadas, protege da negatividade e cria um espaço sagrado. Se qualquer tipo de situação negativa ocorrer em seu espaço, você pode queimar sálvia branca para purificar com rapidez e eficácia a energia residual. É também muito bom queimá-la de vez em quando para uma purificação geral. Após queimá-la, você sem dúvida vai notar uma diferença positiva na atmosfera do cômodo.

Para queimá-la, basta acender a trouxinha e cuidadosamente sacudi-la sobre uma tigela ou pia até que a chama se apague, mas continue fumegando. Leve com você uma tigela sob a ponta fumegante, para aparar qualquer cinza que caia, e mova-se ao redor do perímetro de cada cômodo que você quer purificar, demorando-se em cada área pelo tempo que sua intuição orientá-la a fazer. Você também pode queimá-la ao redor do corpo para purificar o corpo energético e sua aura.

Troxinhas de Sálvia do deserto

A sálvia do deserto limpa a energia, mas de um jeito diferente. Enquanto a sálvia branca purifica elevando as vibrações e dissipando a negatividade, a sálvia do deserto faz a energia circular de um modo alegre, de forma que a negatividade naturalmente se dissipe. Por essa razão, ela tem sido usada como uma espécie de "abre-caminhos". Se você estiver se sentindo estagnada em sua vida e quiser abrir caminho para novas oportunidades e rumos inesperados, pode ser uma boa ideia espalhar a fumaça da sálvia do deserto em casa e ao redor da sua aura. Concentre-se especialmente nas soleiras e nas portas, a fim de que novas portas se abram na sua vida. A fumaça dessa erva tem uma doçura característica e pode propiciar uma sensação de segurança, aconchego e leveza. A sálvia do deserto é excelente para se queimar num lugar ao qual você ainda não está acostumada, para ajudá-la a se sentir relaxada e à vontade no novo ambiente e para torná-lo seu. Ela também pode invocar espíritos de antepassados e entes queridos falecidos para seu espaço.

Tranças de Erva-Doce Americana

A erva-doce americana (*sweetgrass*) tem um aroma delicioso e, quando você a queima, pode imediatamente sentir sua doçura e personalidade terrena e ao mesmo tempo etérea. Em vez de eliminar energias negativas, a erva-doce americana atrai vibrações positivas na forma de entes queridos falecidos benevolentes, anjos, guias, guias animais, deuses/deusas e mestres ascensionados. Todos eles são presenças excelentes para se ter por perto por várias razões: para proteção e felicidade e para receber mensagens espirituais. Você pode purificar o espaço com sálvia, antes de invocar seus guias espirituais com a erva-doce americana. Então, ao acendê-la e queimá-la mentalmente ou em voz alta, convide espíritos iluminados e prestativos para entrarem na sua casa (Ver ritual da página 121).

Óleos

Gosto de usar óleos essenciais no meu difusor de aromas, que tem apenas um pequeno recipiente para o óleo, aquecido com uma pequena vela. Você só tem que colocar água nesse recipiente, acender uma vela de réchaud embaixo e destilar algumas gotas do seu óleo essencial predileto ou de sua combinação de óleos na água. Você também pode adquirir outros tipos de difusores de óleo ou criar um difusor provisório simples despejando água fervente numa caneca ou tigela de cerâmica e colocando algumas gotas de óleo na água. Isso vai disseminar o perfume só enquanto o vapor estiver subindo, mas pode ser muito bom para aromatizar um cômodo.

Alecrim: propicia clareza e amplifica a memória e outras capacidades; energiza, estimula, incentiva

Angélica: dissipa vibrações negativas e afasta entidades; ajuda a remover qualquer tipo de energia pesada, escura ou estagnada do ambiente

Baunilha: adoça, ancora, reconforta, acalma, estimula o romance

Canela: eleva e faz a energia circular de um modo saudável; aquece, estimula, ancora e aumenta a prosperidade

Cedro: fortalecedor e purificador; cria um espaço sagrado com vibrações espirituais muito elevadas

Cravo-da-índia: aquece, intensifica os poderes parapsíquicos e mágicos, energiza, atrai prosperidade

Erva-doce: calmante, amorosa, receptiva; cura, acalma, energiza

Esclareia: propicia clareza mental; purifica o espaço; é profundamente estimulante, energizante e encorajadora

Eucalipto: refresca, acalma, cura, purifica, energiza, alegra

Gerânio rosa: eleva as vibrações, abre o coração, fortalece a mente e o corpo, dá coragem, protege da negatividade

Hortelã: acalma, tranquiliza, purifica delicadamente, sossega, estimula

Hortelã-pimenta: aumenta as vibrações e propicia a clareza e tranquilidade; também acalma, energiza, estimula e purifica

Ilangue-ilangue: combate problemas com a imagem corporal e a sexualidade; é sensual, apazigua, relaxa, harmoniza, abre o coração

Jasmim: sensual, doce, romântico, alegre, estimulante; aumenta a autoestima e a autoaceitação, aquieta e abre o coração, incentiva o luxo, aumenta a riqueza (esse óleo é bastante caro e você pode comprá-lo combinado com um óleo carreador ou na forma de absoluto)

Lavanda: relaxa, aquieta, acalma, cura, alivia o estresse

Limão: energiza, eleva o ânimo, alegra, limpa, purifica, eleva as vibrações, dissipa a negatividade

Néroli (flor de laranjeira): alegre, relaxante, romântico. Abre o coração; atrai, fortalece e harmoniza relacionamentos duradouros ao incentivar a autoestima e a autoaceitação

Patchuli: sensual, romântico, terreno; atrai o luxo e a riqueza

Rosa: aumenta as vibrações a um nível altíssimo de pura doçura e amor; purifica, harmoniza, abre o coração; convida anjos e outros seres de amor de vibração elevada (esse óleo é bem caro e você pode comprá-lo combinado com um óleo carreador ou adquirir o rosa absoluto; como alternativa, você pode usar a água de rosas, que tem as mesmas propriedades do óleo de rosas e funciona bem num borrifador ou difusor com vela)

Tangerina: energiza, estimula, alegra, limpa, purifica; cria sensações de felicidade e doçura, faz a energia circular de um modo saudável, atrai a abundância

Névoas Aromaterápicas

Use essas névoas como você usaria um spray de ambientes, borrifando-as generosamente por todo o cômodo ou pela casa, para preencher seu espaço com essas vibrações mágicas, únicas e sob medida. Borrife-as bem alto no ar.

As essências de flores e pedras, como já descrevi nos capítulos sobre pedras e sobre limpeza, são as vibrações de cristais ou de flores, preservadas em água e álcool. É possível encontrá-las na internet e nas lojas de produtos esotéricos.

• •

Névoa do Romance

INGREDIENTES:

    Essência de granada ou um cristal de granada
    Óleo essencial de jasmim ou jasmim absoluto
    Água de rosas num borrifador

Coloque a granada ou 5 gotas de essência de granada na água de rosas. Então, destile de 5 a 20 gotas de jasmim na água de rosas, dependendo da concentração do óleo e de sua preferência pessoal. Agite bem. Fortaleça o frasco com os três segredos, sendo bem específica quanto às suas intenções e visualização.

• •

Aura de Alegria

INGREDIENTES:

    Essência Hornbeam (essência floral), essência de apofilita (uma essência de pedras) ou uma pedra de apofilita
    Óleo essencial de néroli
    Óleo essencial de tangerina

Óleo essencial de limão

Água de rosas num borrifador

Coloque a apofilita, 3 gotas de essência de apofilita ou 3 gotas da essência floral Hornbeam na água de rosas. Depois, destile 10 gotas de néroli, 5 de tangerina e 3 de limão no borrifador. Agite bem. Segure o borrifador com as duas mãos e visualize uma luz branco-dourada muito brilhante enchendo o frasco. Sinta a energia de risadas, sorrisos, energia vibrante e espíritos elevados entrando no borrifador e rodopiando pelo líquido através da luz branco-dourada. Além disso, se quiser, sinta-se à vontade para fortalecer ainda mais a névoa, fazendo uma oração e/ou usando os três segredos.

• •

Névoa do Lar Feliz

INGREDIENTES:

Essência de citrino ou uma pedra de citrino

Óleo essencial de baunilha

Óleo essencial de tangerina

Óleo essencial de néroli

Água num borrifador

Durante o dia, quando o sol estiver brilhando e não obscurecido por nuvens, coloque o citrino ou destile 5 gotas de essência de citrino no borrifador, juntamente com 8 gotas de baunilha, 3 gotas de tangerina e 6 gotas de néroli. Agite bem. Visualize a luz pura, ofuscante e brilhante do sol descendo e entrando no frasco, enchendo-o completamente. Peça e sinta vibrações de muita harmonia e felicidade penetrando no frasco, junto com a luz do sol. Termine com o fortalecimento dos três segredos.

Névoa da Paz e Harmonia

INGREDIENTES:

Essência floral White Chestnut
Essência de ametista ou uma pedra de ametista
Óleo essencial de ilangue-ilangue
Óleo essencial de lavanda
Água de rosas num borrifador

Destile 4 gotas de essência floral White Chestnut e 3 gotas de essência de ametista ou a ametista dentro do borrifador. Então, destile 8 gotas de ilangue-ilangue e 8 gotas de lavanda. Agite bem. Segure o borrifador nas duas mãos e visualize uma luz azul cintilante entrando no frasco, juntamente com vibrações de paz e harmonia profundas. Fortaleça a mistura com os três segredos, usando o mudra para acalmar o coração e as seis palavras verdadeiras.

Convite aos Anjos em Spray

Essa névoa eleva as vibrações do ambiente e abre os portais do reino dos anjos para você invocar e receber convidados angélicos no seu espaço.

INGREDIENTES:

Essência de aqua aura ou uma pedra de aqua aura
Óleo essencial de rosas ou rosa absoluto
Óleo essencial de néroli
Água de rosas num borrifador

Coloque a aqua aura ou destile 4 gotas de essência de aqua aura no borrifador. Então adicione 10 gotas de óleo de rosas (dependendo da concentração) e 6 gotas de néroli no borrifador. Agite bem. Segure o frasco com as duas mãos e visualize uma luz clara e cintilante, com arco--íris tremeluzentes descendo em espirais do céu e enchendo o borrifador. A cada vez que borrifar, silenciosamente ou em voz alta, convide os anjos para entrar na sua casa. Convém convidá-los só para tê-los por perto, mas, se estiver fazendo isso com uma finalidade específica, diga-lhes de que ajuda você precisa e, respeitosamente, peça a assistência deles.

• •
Convite às Fadas em Spray

Borrife sua casa com vibrações que agradem as fadas e dê as boas-vindas à magia. Essa névoa é também muito poderosa para intensificar o clima de romance e aumentar a autoestima.

INGREDIENTES:
Essência de lepidolita ou uma pedra de lepidolita
Óleo essencial de hortelã
Óleo essencial de baunilha
Óleo essencial de lavanda
Água de rosas num borrifador

Coloque a lepidolita ou destile 5 gotas de essência de lepidolita no borrifador. Adicione 4 gotas de hortelã, 4 gotas de baunilha e 4 gotas de lavanda. Agite bem. Segure o frasco com as duas mãos, feche os olhos e visualize uma luz lavanda muito brilhante enchendo e rodeando o frasco.

• •
Névoa da Invocação da Deusa

Esta névoa atrai a energia da Deusa e ajuda você a invocar a presença dela (em um ou em vários dos seus aspectos) para dentro do seu espaço e da sua vida. É uma ótima opção para aliviar o estresse, promover equilíbrio hormonal e contrabalançar o excesso de energias masculinas (por exemplo, num apartamento de jovens solteiros) com energia feminina. Essa névoa é, ainda, um método eficaz para atrair um romance harmonioso com uma mulher. Para essa ou outras finalidades específicas, certifique-se de combiná-la com o fortalecimento dos três segredos.

Ingredientes:
    Essência de pedra da lua ou uma pedra da lua
    Óleo essencial de ilangue-ilangue
    Água de rosas num borrifador

Coloque a pedra da lua ou destile 5 gotas de essência de pedra da lua no borrifador. Destile de 7 a 10 gotas de óleo de ilangue-ilangue na água de rosas. Agite bem. Segure a névoa com as duas mãos e peça à Deusa para impregná-la com energia feminina. Visualize o frasco cheio com a luz prateada e incandescente da lua.

• •

Névoa da Invocação do Deus

Essa névoa atrai a energia divina masculina e invoca a presença do Deus (em um ou em muitos dos seus aspectos) para seu espaço e a sua vida. É uma boa opção para aumentar a coragem, a confiança e a energia guerreira, para elevar as vibrações a um nível sagrado e espiritual, e para contrabalançar o excesso de energias femininas (por exemplo, num apartamento de jovens solteiras) com energia masculina. Essa névoa também pode ajudá-la a atrair um romance harmonioso com um homem. Para essa ou outras finalidades específicas, combine seu uso com o fortalecimento dos três segredos.

INGREDIENTES:
> Essência de girassol
> Óleo essencial de cedro
> Óleo essencial de olíbano
> Água num borrifador

Destile 4 gotas de girassol, 5 gotas de cedro e 5 gotas de olíbano no borrifador. Agite bem. Segure o frasco com as duas mãos e peça ao Deus (no aspecto que quiser) para impregná-lo com sua energia divina masculina. Visualize o frasco sendo preenchido com uma luz branca, muito brilhante.

Aura de Prosperidade

Quem não precisa de um estimulante para a prosperidade?

INGREDIENTES:
> Essência de citrino ou uma pedra de citrino
> Óleo essencial de canela
> Óleo essencial de tangerina
> Óleo essencial de patchuli (se não gostar de patchuli, substitua por néroli)
> Água num borrifador

Destile 9 gotas de essência de citrino ou coloque o próprio citrino no borrifador. Acrescente 3 gotas de cada um dos óleos no borrifador. Agite bem. Segure o frasco com as duas mãos e visualize uma luz bem brilhante, verde-esmeralda, enchendo-o e cercando-o. Para uma intenção específica, é bom fortalecer a névoa com os três segredos.

Spray da Leveza Efervescente

Esse spray é bom para se ter à mão depois de uma briga ou em qualquer momento em que as coisas ficarem sérias, pesadas ou opressivas demais. Também é um grande apoio em épocas de luto ou trauma. Ele dá perspectiva, libera a energia estagnada, eleva o espírito e aumenta a harmonia e o contentamento.

INGREDIENTES:
Essência de lepidolita ou uma pedra de lepidolita
Essência de apofilita ou uma pedra de apofilita
Floral de Bach Rescue Remedy
Óleo essencial de lavanda
Óleo essencial de hortelã-pimenta
Óleo essencial de hortelã
Água de rosas num borrifador

Coloque 3 gotas da essência de lepidolita ou a própria lepidolita, 3 gotas de essência de apofilita ou a própria apofilita, e 4 gotas de Rescue Remedy no borrifador. Agite bem. Segure o frasco com as duas mãos e fortaleça-o com sua intenção de eliminar o estresse e criar uma atmosfera pacífica, estimulante e serena. Visualize uma luz branca muito brilhante enchendo e rodeando o frasco.

Névoa Mágica para Eliminar o Estresse

Simples. Essa névoa elimina o estresse num passe de mágica. Se o estresse é um desafio para você, é uma boa ideia manter um borrifador dessa névoa na bolsa ou na escrivaninha.

INGREDIENTES:

Floral de Bach Rescue Remedy
Óleo essencial de lavanda
Óleo essencial de hortelã-pimenta
Água de rosas num borrifador

Destile 4 gotas do Rescue Remedy, 6 gotas de lavanda e 4 gotas de hortelã-pimenta no borrifador. Agite bem. Segure o frasco nas duas mãos e reforce-o com sua intenção de eliminar o estresse e criar uma atmosfera pacífica, estimulante e serena. Visualize uma luz branca muito brilhante enchendo o frasco.

· ·

Névoa Mentolada para a Cura Física

Esta névoa ajuda a criar uma atmosfera que estimula, apoia e incentiva a cura física.

INGREDIENTES:

Essência de flor de gardênia
Essência de quartzo transparente ou uma pedra de quartzo transparente
Óleo essencial de eucalipto
Óleo essencial de hortelã-pimenta
Um borrifador cheio de água

Destile 4 gotas de gardênia, 3 gotas de essência de quartzo transparente (ou coloque o próprio cristal), 4 gotas de eucalipto e 4 gotas de hortelã-pimenta no borrifador. Agite bem. Segure o frasco com as duas mãos e peça ao Arcanjo Rafael para impregnar o líquido com vibrações elevadas que propiciem a cura. Visualize o frasco cheio de uma luz branca cintilante e depois de uma luz verde muito brilhante.

Velas para Intenções Específicas

O simples fato de acender uma vela pode ser um ritual mágico por si só. Você pode acender uma vela para uma grande variedade de intenções, entre elas:

Alegria
Banimento
Carreira
Criatividade
Espiritualidade
Fama/Reputação
Foco
Intuição/Capacidades Psíquicas
Manifestação
Prosperidade
Romance
Saúde

Depois que tiver escolhido sua intenção, você está pronta para começar a se preparar para o ritual da vela.

1: Esclarecer

Escreva sua intenção numa sentença, como se ela já tivesse acontecido. Por exemplo, você pode escrever "Estou mais rica do que jamais imaginei" ou "Tenho uma ótima saúde em todos os aspectos".

2: Selecionar um ou mais aromas

Consulte a lista de óleos e escolha um ou mais aromas para ajudar a manifestar sua intenção. Anote por escrito sua escolha.

3: Escolher uma cor

Eis algumas ideias de cores:

Amarelo: energia, clareza, alegria, coragem, poder pessoal
Azul-escuro: intuição, mediunidade, sucesso, harmonia, paz
Azul-turquesa: comunicação, alegria, leveza, autoexpressão
Branco: pureza, proteção, manifestação, cura
Laranja: harmonia, cordialidade, colheita, realização, sexualidade
Lavanda: beleza física, espiritualidade, harmonia
Preto: banimento, libertação, dissolução
Verde: saúde, cura, riqueza, abrir o coração
Vermelho: paixão, fama, força, coragem, sucesso, saúde, vitória, conexão com a terra
Violeta/roxo: espiritualidade, beleza interior, magia

Para ideias adicionais, consulte o apêndice.

4: Providenciar a vela

Escolha ou faça uma vela de cera de soja ou outros materiais naturais.

Se fizer uma, confira-lhe a cor e o aroma que você escolheu. Se comprá-la, pode optar por uma com a cor e o aroma da sua escolha ou simplesmente com a cor que escolheu. Então pode impregná-la com o aroma da sua predileção depois (ver o próximo passo).

Em vez de uma vela colorida, você pode usar uma vela branca dentro de um pote de vidro ou candelabro colorido.

5: Preparar a vela

Entalhe as palavras da sua intenção na vela com um lápis, com a unha ou uma faca. Você pode usar a frase inteira ou apenas escolher uma palavra que resuma sua intenção, como "romance", "dinheiro", "libertação" ou "saúde". Se for impregnar a vela com um óleo essencial, acrescente algumas gotas do seu óleo ou óleos escolhidos num óleo carreador, como o óleo de girassol ou de oliva. Então, passe-o delicadamente sobre a superfície inteira da vela (menos a base e o pavio) com as mãos. Ou então use um papel-toalha para aplicar o óleo, se não tiver certeza de que ele não vai irritar a sua pele.

6: Investir a vela de poder

Use uma das seguintes opções: (a) segure-a com as duas mãos e visualize ou sinta o resultado pretendido como se ele já tivesse se manifestado; então dirija mentalmente a energia gerada pela visualização para a vela ou (b) use o fortalecimento dos três segredos.

7: Acender a vela

Se estiver usando a vela para manifestar algo, faça isso durante a lua crescente. Depois de apagá-la, você pode acendê-la de vez em quando se estiver em casa e tiver vontade de ficar à luz de velas. Ou, se quiser acelerar a magia, acenda-a quando estiver em casa até que ela acabe. A cada vez que acendê-la, faça uma prece ou uma visualização rápida do resultado pretendido.

11

Bênçãos, Proteções e Outros Rituais

SE VOCÊ LEU ESTE LIVRO até aqui, já conhece várias bênçãos, proteções e rituais que pode fazer em casa. Bem, eis mais alguns! Mas, primeiro, vamos examinar o tema dos rituais um pouco mais a fundo.

O ritual age em conjunto com a natureza em vários níveis diferentes dos reinos sutis, ajudando a trazer à tona toda a beleza, poder e sucesso que já existem em forma seminal dentro do nosso coração. Como diz Marina Medici em *Good Magic*:

> Um bom praticante de magia é como um bom jardineiro. Ele sabe que não é possível transformar uma rosa numa outra flor e, mesmo que fosse, isso seria, na melhor das hipóteses, só uma brincadeira. Ele sabe que seu trabalho é arrancar as ervas daninhas e fazer o jardim ficar florido.

As sementes e as flores são os desejos verdadeiros do nosso coração. As sementes são os medos, as crenças limitantes e os desejos falsos, impostos pelo mundo exterior. Se formos muito claros e nos concentrarmos nas nossas intenções de um jeito positivo, e se essas intenções estiverem em consonância com quem realmente somos (a centelha de divindade dentro de nós), os nossos rituais sempre serão bem-sucedidos.

O conteúdo deste capítulo pode ajudá-la a se sintonizar e a sintonizar a sua casa com tudo o que seu coração deseja verdadeiramente, e a dar espaço para que isso se manifeste em sua vida.

Antes de realizar qualquer um desses rituais, você pode se preparar das maneiras a seguir. Leve o tempo que for preciso com cada passo, e aproveite esse período preparatório para começar a se ligar com a sua intuição e com os reinos energéticos mais sutis.

1. Para evitar constrangimento ou interferências energéticas, certifique-se de estar sozinha ou de que as únicas pessoas presentes se disponham a participar do ritual. (Em alguns dos rituais, você vai precisar da casa toda só para você, mas alguns mais simples só requerem um cômodo.)
2. Tire da tomada e/ou desligue o(s) telefone(s).
3. Tome uma ducha ou um banho de imersão para purificar a energia.
4. Medite sentando-se com a coluna reta e respirando fundo algumas vezes.
5. Durante algum tempo se conecte com a terra, visualizando raízes crescendo de você e retirando nutrientes da terra, e com a energia universal, visualizando galhos crescendo do seu corpo e captando luz e energia do céu.
6. Visualize uma esfera muito brilhante de luz branca envolvendo você e peça que seu campo de energia seja poderosamente selado e protegido. Gosto de pedir ajuda ao Arcanjo Miguel nesse aspecto, mas você pode pedir a qualquer ser ou seres da sua preferência ou apenas visualizar e evocar luz.

Quando tiver terminado seu ritual, agradeça aos poderes mágicos e/ou seres que tiver invocado e libere completamente todos os impedimentos ao resultado do trabalho, com total confiança de que foi bem-sucedida. Como os trabalhos de magia podem elevar muito a sua energia, você pode precisar se ancorar depois. Para tanto, deite-se ou sente-se no chão (ou numa cadeira, se necessário) e visualize uma chuva de luz se derramando sobre você como água, entrando na terra e levando consigo todo o excesso de energia da sua aura.

Por fim, coma alguma coisa para ancorá-la ainda mais, como nozes, grãos ou raízes. Você também pode tomar uma cerveja se quiser, visto que cerveja é extremamente eficaz para ancorar as energias. Ou fazer algo para levá-la de volta ao mundo cotidiano, como ligar para uma amiga, conferir seus e-mails ou fazer o jantar.

Bênçãos

Uma bênção é um ritual mágico que eleva e harmoniza as energias da casa, criando um espaço sagrado para sua alma encontrar refúgio e seus sonhos tomarem forma.

Bênção da Casa Nova

A mudança para uma casa ou apartamento novo (ou, pelo menos, novo para você) é um momento mágico. Sua vida está num período de transição e realizar essa poderosa Bênção da Casa Nova pode ajudar a tornar essa transição positiva, uma vez que ela infunde a sua casa nova com tudo o que é brilhante e bonito. Se realmente gostar dessa bênção, pode realizá-la mesmo que já estiver morando na casa atual há algum tempo.

O ideal seria fazer esse ritual antes do dia da mudança. Mas, se isso não for possível, não se preocupe; ele ainda assim será extremamente eficaz. Antes de começar, limpe fisicamente o espaço e realize uma limpeza completa como a descrita na pag. 54.

Realize esta bênção quando a lua estiver entre a fase nova e a cheia.

INGREDIENTES:
    Uma tigela com punhados de pétalas de rosas vermelhas, cor-de-rosa e amarelas
    Uma vela vermelha, uma cor-de-rosa e uma verde para cada cômodo da casa
    Um pratinho em que caibam três velas para cada cômodo
    Uma vareta de incenso de baunilha ou de rosas para cada cômodo
    Uma maçã para cada cômodo

Coloque, no pratinho, três velas em cada cômodo, uma de cada cor. Entre as velas, coloque uma maçã numa superfície plana (de cabeça para baixo ou ao contrário, da maneira que for mais estável) e espete um incenso nela, de modo que as cinzas caiam sobre a fruta. Faça o mesmo em cada cômodo da casa. Fique de pé no centro de cada cômodo ou na porta da frente e, com as mãos em posição de prece, diga:

> *Neste momento invoco os doces espíritos da luz divina. Neste momento invoco todas as energias positivas desta casa. Obrigada por me abençoarem com este belo lugar para morar. Agora realizo esta bênção como uma oferenda de gratidão. Que ela possa ser uma poderosa infusão de harmonia, prosperidade, felicidade e amor. Obrigada.*

Leve a tigela com pétalas de rosa para cada cômodo e faça o seguinte:

Acenda as velas e o incenso. Fique de pé no centro do cômodo ou na porta, com as mãos em posição de prece. Feche os olhos. Diga "Harmonia" e visualize uma luz amarela brilhante enchendo o cômodo. Diga "Prosperidade" e visualize uma luz verde brilhante preenchendo o cômodo. Diga "Felicidade" e visualize uma luz vermelha brilhante preenchendo o cômodo. Diga "Amor" e visualize uma luz cor-de-rosa brilhante preenchendo o cômodo. Se as visualizações forem muito difíceis nessa etapa, apenas diga as palavras e deixe que elas ressoem em sua mente. A seguir, abra as mãos em posição de reiki (ver pág. 88) e visualize uma luz branca muito brilhante ou um arco-íris fluindo do céu para o topo da sua cabeça e saindo pelas suas mãos, rodopiando pelo cômodo e preenchendo-o. Abra os olhos e jogue um punhado de pétalas no cômodo, ao acaso, deixando-as cair no chão e/ ou nos móveis.

Quando tiver passado por todos os cômodos, volte a ficar de pé no ponto de partida. Feche os olhos e, com as mãos em posição de prece, visualize uma luz branca brilhante preenchendo e envolvendo a casa completamente, numa imensa esfera de luz. Veja essa esfera girar no sentido horário e saiba que essa luz está selando as energias positivas em sua casa. Quando a visualização terminar, diga:

Está feito. Obrigada, obrigada, obrigada.
Abençoado seja. E assim seja.

Abra os olhos e solte as mãos. Deixe que as velas continuem a arder pelo menos até o incenso acabar. Se quiser e se for seguro, pode deixar as velas arderem naturalmente até o fim, ou pode acendê-las de novo de vez em quando até que queimem por completo. Deixe as pétalas nos cômodos por ao menos doze horas, mas não por mais de

24 horas. Jogue-as na terra do lado de fora, na lata de lixo orgânico ou num jardim, para que possam voltar à terra. Faça o mesmo com as maçãs.

Bênçãos para Harmonizar a Casa

Você pode realizar esta bênção todo dia 1º de janeiro, 1º de novembro ou em qualquer época em que queria harmonizar, equilibrar, elevar as energias da casa e criar um espaço sagrado e cheio de energia positiva.

Comece fazendo uma limpeza e purificação completas. Faça essa bênção quando a lua estiver entre as fases nova e cheia, a menos que esteja fazendo-a no começo de outro ciclo, como o ciclo do ano solar, lunar ou pagão. Nesses casos, você não precisa se preocupar com a fase da lua.

INGREDIENTES:

Uma vela branca ou cor-de-rosa claro para cada cômodo da casa (com prato ou castiçal, se necessário)
Óleo essencial de canela
½ xícara de óleo de girassol
Papel-toalha ou pincel
Uma vareta de incenso de olíbano para cada cômodo
Um porta-incenso ou uma maçã (ver pág. 194) para cada cômodo
Um raminho de alecrim atado por uma fita vermelha brilhante para cada cômodo

Misture o óleo de girassol com 9 gotas do óleo de canela e use uma folha de papel-toalha ou o pincel para aplicar o óleo em cada vela, tendo o cuidado de não irritar a pele com o óleo de canela. (Unte toda a vela, menos a base e o pavio, com uma fina camada de óleo.) Coloque uma vela em cada cômodo, juntamente com uma vareta de incenso. Fique no centro do cômodo ou à porta da frente, com as mãos em posição de prece, e diga:

> Neste momento invoco os doces espíritos da divina luz. Neste momento invoco as energias positivas e benéficas desta casa. Realizo esta bênção com grande alegria e gratidão. Celebro e consagro o espaço sagrado que é a minha casa. Que todas as boas energias possam circular dentro dela. Que todas as boas energias possam permanecer dentro dela. Obrigada.

Leve os raminhos de alecrim num prato ou cestinho para cada cômodo. Enquanto permanecer nele, faça o seguinte:

Acenda a vela e o incenso. Fique de pé no centro do cômodo ou à porta principal com as mãos em posição de prece. Feche os olhos e diga:

> Que todas as boas energias possam circular aqui dentro.
> Que todas as boas energias possam permanecer aqui dentro.

Abra as mãos na posição de reiki (ver pág. 88) e visualize uma luz branco-dourada muito brilhante e cintilante descendo das alturas até o topo da sua cabeça e saindo pelas suas mãos, para preencher o cômodo. Visualize a luz circulando no sentido horário e preenchendo o espaço todo – até os cantinhos, fendas e vãos. Abra os olhos e coloque um raminho de alecrim no cômodo, se possível ao lado da vela e do incenso.

Quando tiver passado por todos os cômodos, volte ao ponto de partida e mantenha as mãos em posição de prece. Visualize uma luz branco-dourada muito brilhante preenchendo e rodeando a casa toda numa imensa esfera. Veja a esfera começar a girar no sentido horário e saiba que as energias positivas que você invocou estão agora seladas dentro do espaço. Diga:

Neste momento invoco quatro anjos para ficarem nos quatro pontos cardeais desta esfera de luz, para cuidarem da minha casa e conservarem todas as boas energias dentro dela.

Visualize esses anjos zelando pela energia da sua casa e agradeça-lhes mentalmente. Quando a visualização estiver completa, diga:

Está feito. Obrigada, obrigada, obrigada.
Abençoado seja. Assim seja.

Abra os olhos. Deixe que o incenso queime até o fim e que as velas ardam durante pelo menos duas horas. Se quiser, pode deixar que as velas queimem até o fim ou apague-as e as acenda de vez em quando até que se extingam. Os raminhos de alecrim podem permanecer até a bênção seguinte, ou você pode jogá-los fora depois de uma semana. Se fizer isso, certifique-se de remover a fita e colocá-los na terra do lado de fora, na lata de lixo orgânico ou no jardim, para que possam retornar à terra.

• •
Bênção Simples para a Casa

Talvez você queira abençoar sua casa, mas não queira comprar vários ingredientes ou realizar um extenso ritual. Ou talvez você só queira fazer uma rápida renovação energética entre uma bênção e outra. Se esse é o seu caso, esta é a bênção ideal para você. Ela também é uma excelente opção caso você nunca tenha realizado um ritual e queira começar com algo mais simples. Mas não se engane: a simplicidade deste ritual não diminui sua força.

Você pode realizar este ritual a qualquer hora. Antes de começar, coloque tudo em ordem na casa, faça uma limpeza rápida e realize um breve ritual de purificação.

INGREDIENTES:
12 varetas de incenso de olíbano ou Nag Champa
Um pratinho
Um pote ou tigela contendo terra
9 raminhos de alecrim fresco
Fita ou barbante

Amarre os raminhos de alecrim numa trouxinha com o barbante, de modo que possa ficar dependurado como um enfeite. Fique de pé num local central da casa ou perto da porta da frente. Coloque as mãos em posição de prece e diga:

Convoco os anjos, fadas e seres divinos de luz.
Vocês são bem-vindos aqui.

Acenda todas as varetas de incenso e segure-as juntas como se fossem uma trouxinha de defumação. Segure o pratinho embaixo para aparar as brasas e cinzas. Ande pela casa rapidamente, parando em cada cômodo apenas o tempo suficiente para repetir: "Convoco os anjos, as fadas e os seres divinos de luz. Vocês são bem-vindos aqui".

Volte ao ponto de partida e finque o feixe de incensos na terra, na vertical, para que nenhuma brasa ou cinza caia no chão. Coloque o incenso do lado de fora da casa, bem perto da porta ou, se estiver ventando ou você preferir, do lado de dentro, ao lado da porta da frente ou perto dela. Então segure o alecrim com as duas mãos e diga:

Esta casa está abençoada e todas as coisas
boas florescerão entre suas paredes.

Pendure o alecrim do lado de fora da porta da frente ou acima dela, do lado de dentro. Coloque as mãos em posição de prece, visualize um círculo de luz branca cercando sua casa e diga:

Está feito. Obrigada, obrigada, obrigada.
Abençoado seja. Assim seja.

Depois que os incensos tiverem queimado por inteiro, coloque a terra e as cinzas na base de uma árvore no quintal ou em outro lugar, ao ar livre.

Proteções

É importantíssimo que você e sua família se sintam seguros dentro de casa. As proteções criam uma aura de segurança contra todas as formas de intrusão e ameaça, tanto físicas quanto energéticas. (Mas, mesmo assim, tranque todas as portas, já que é sempre melhor que os reinos etéricos e físicos trabalhem em conjunto, como uma equipe.) Uma proteção também proporciona uma atmosfera de segurança, o que alivia o estresse e a ansiedade e, portanto, intensifica a harmonia e o equilíbrio em todos os níveis.

Proteção Doméstica Aqua Aura

Esta é uma proteção muito eficaz, que não só afasta todas as formas de negatividade, como sintoniza sua casa com a vibração das fadas, na qual os milagres e a magia florescem. O único obstáculo é que as pedras aqua auras podem ser um pouco caras – não custam tanto quanto um diamante ou um rubi, mas são tão caras quanto uma pedra semipreciosa pode ser. Se você gostar deste ritual, mas não quiser comprar aqua auras, saiba que ele sem dúvida vai funcionar também com quartzos transparentes com ponta, embora a energia gerada seja um pouco menos extravagante. Ou talvez você possa combinar os dois tipos de pedra.

INGREDIENTES:
8 quartzos aqua aura com ponta
Uma bússola
Uma pá ou outra ferramenta para cavar

Depois de purificar os cristais (ver capítulo sobre pedras), segure-os com as duas mãos e peça que eles sejam carregados com poderosas vibrações de proteção. Você pode visualizar e/ou sentir isso acontecendo na forma de uma energia cintilante e rodopiante preenchendo os cristais e os envolvendo. Muito provavelmente você será capaz de senti-los vibrar, com o poder, em suas mãos nesse momento.

Depois, enterre cada cristal ao ar livre, em torno do espaço que você está querendo proteger. Use uma bússola para enterrar o primeiro no ponto mais ao norte da propriedade, e depois prossiga no sentido horário e os enterre nos pontos nordeste, leste, sudeste, sul, sudoeste, oeste e noroeste, respectivamente. Todos eles devem apontar para cima e levemente para fora, em relação à casa. Então, fique de pé diante da porta da frente, olhando para fora, coloque as mãos em posição de mudra Júpiter (ver pág. 86) e estenda os braços bem à frente, de modo que fiquem paralelos ao chão. Com os olhos bem abertos, olhe diretamente para a frente e pronuncie a palavra *proteção* dezesseis vezes.

Proteção da Casa com Alho e Milefólio

Esta proteção funciona muitíssimo bem para manter afastados o mau-olhado e as influências negativas. Se você está preocupada com a má vibração de uma pessoa específica ou de um grupo de pessoas, ou se quiser impedir que entidades presas à terra ou qualquer outra forma de energia etérica negativa ou extrafísica entre na sua casa, esta é a proteção certa. Ela também é excelente para prevenir pesadelos, desde que eles tenham uma fonte externa, como alguém cultivando maus pensamentos a seu respeito ou lhe desejando mal.

Faça esta proteção quando a lua estiver cheia ou quase cheia, a não ser que se trate de uma emergência, quando então recomendo que você a faça imediatamente, não importa qual seja a fase da lua. É melhor começar com uma purificação completa. Além disso, se sentir uma ou mais entidades presas à terra na sua casa, sugiro que primeiro realize a versão espiritual do ritual de banimento de um hóspede ou morador indesejados (ver pág. 215). Depois você pode realizar esta proteção, para ter certeza de que essas entidades permanecerão afastadas.

INGREDIENTES:

Uma vela vermelha
4 dentes de alho
8 alfinetes com cabeça vermelha
4 colheres de sopa de milefólio desidratado numa tigela de cerâmica, vidro ou metal
De 1 a 4 vasos de plantas, se necessário (ver abaixo)

Junte as velas, o alho, os alfinetes e o milefólio num lugar central da casa ou em seu altar. Acenda a vela. Com as mãos em posição de prece, diga:

Invoco dez mil anjos e seres de luz.
Através de mim, por favor, infundam estes ingredientes com o poder de proteção.

Coloque as mãos na posição de reiki (ver pág. 88), com as palmas voltadas para os alfinetes, o milefólio e o alho. Deixe a energia fluir através do topo da sua cabeça até seu coração e depois sair pelas mãos, impregnando o milefólio e o alho com o poder protetor que você invocou. Depois, finque dois alfinetes em cada dente de alho. Eles devem atravessar a parte estreita do dente de alho e formar um X, com as duas pontas e as cabeças aparecendo de cada lado.

Agora você vai enterrar um dente de alho em cada um dos quatro lados da sua casa. Se possível, enterre-os perto das paredes externas. Se isso não for possível, coloque um vaso de planta do lado de fora e enterre nele o dente de alho. Se isso também não for possível (se, por exemplo, você mora num apartamento), coloque um vaso de planta dentro de casa e enterre o alho nele. Você pode fazer uma combinação disso tudo; por exemplo, pode enterrar o dente de alho na terra em dois lados da casa e enterrá-lo num vaso nos outros dois lados. A cada vez que enterrar um deles, coloque uma colher de sopa de milefólio por cima antes de cobri-lo com terra. Depois de cobrir o alho, olhe para longe e faça o mudra da expulsão (ver pág. 83) nove vezes, dizendo a cada vez "Ong so hung", para entrar em sintonia com o poder infinito do Divino. Se estiver preocupada com o que os vizinhos vão pensar, apenas suprima o mudra da expulsão e faça o mantra mentalmente.

Ao terminar, volte-se para a vela. Coloque as mãos em posição de prece e diga:

> Uma poderosa proteção está estabelecida neste lugar e só o que é bom deverá entrar e permanecer. Está feito. Obrigada, obrigada, obrigada. Abençoado seja. Assim seja.

Apague a vela.

Ritual Simples de Proteção Angélica

Você pode fazer essa proteção com frequência e, quanto mais a fizer, mais forte ela se tornará. Gosto de fazê-la todos os dias, como parte da minha meditação diária.

INGREDIENTE:
Uma vela branca (mas nem mesmo isso é necessário)

Sente-se em frente à vela acesa com a coluna reta. Feche os olhos, respire fundo algumas vezes e coloque as mãos em posição de prece. Peça ao Arcanjo Miguel para envolver a casa com uma esfera de luz branca muito brilhante. Depois lhe peça para entrar em sintonia com o campo de energia da sua casa, detectando quaisquer áreas sombrias e iluminando-as, queimando e transmutando toda a energia negativa. Isso feito, peça a um grupo de anjos para rodearem a casa e direcionarem energia positiva para o interior. Veja a energia fluindo das mãos deles para o centro da casa, elevando e preservando as vibrações positivas. Depois peça a um grupo ligeiramente maior de anjos para rodear o primeiro grupo. Visualize-os voltados para fora e peça-lhes para impedir que qualquer forma de negatividade entre em sua casa. Agradeça aos anjos e creia que você e sua casa agora estão poderosamente protegidas. Diga (mentalmente ou em voz alta):

Obrigada, obrigada, obrigada.
Abençoados sejam. Assim seja.

Outros Rituais

Estes rituais permitem que você manipule a energia da casa para ajudar a manifestar várias intenções mágicas diferentes.

Ritual da Venda Perfeita

Realize este ritual para vender uma casa com rapidez, de maneira perfeita e por um bom preço.

Como preparação para o ritual, faça o seguinte (isso pode demorar algumas semanas):

1. Guarde todas as fotos da família e dos amigos numa caixa. Isso iniciará o processo de remover a sua energia da casa e ainda criará espaço para os novos residentes.
2. Desfaça-se completamente de tudo que não quer mais. Como recomenda a autora Terah Kathryn Collins, pergunte a si mesma cada vez que olhar para um objeto: "Se eu me mudar amanhã, devo levar isso aqui comigo?" Se a resposta for não, doe, jogue fora ou venda o mais rápido que puder. Isso vai fazer a sua energia ir se desprendendo do local e abrir espaço para os futuros moradores. Também elevará a sua vibração, o que vai atrair compradores de vibração mais elevada, uma vez que semelhante atrai semelhante.
3. Limpe tudo muito bem. Limpe embaixo e atrás dos móveis. Limpe até as paredes. Isso vai elevar a vibração do ambiente e ajudar a desprender a sua energia do espaço e prepará-lo para os futuros moradores.
4. Purifique energeticamente todo o espaço da sua casa.
5. Certifique-se de que a porta da frente esteja brilhando e vibrante. Substitua qualquer planta que esteja mal cuidada, pinte a porta, substitua os números da fachada, ou faça o que mais for necessário para que a porta fique absolutamente tinindo. Lembre-se, a porta da frente é a primeira impressão e a mensagem que você está mandando para o mundo. A condição em que ela estiver vai ditar a qualidade do comprador que você quer atrair.

6. Faça tudo isso com muito amor e gratidão pela casa e por tudo o que ela lhe proporcionou (abrigo, conforto, alegria etc.). Se você não tem uma boa relação com a casa ou não se sente naturalmente grata a ela, então essa é a hora de mudar isso ao reconhecer todas as bênçãos que essa casa lhe proporcionou. Isso provavelmente vai abrir seu coração e despertar emoções, talvez de um jeito um pouquinho pungente e nostálgico. Permita-se ter essas sensações, até mesmo chorar um pouco se necessário. A permissão para que esses sentimentos venham à tona vai permitir que você se liberte completamente do velho e dê espaço para que novas e lindas possibilidades fluam para sua vida.

INGREDIENTES:
Uma vela branca
Uma folha de papel
Um envelope dourado (pinte um se for preciso)
Uma caneta
Um cristal de quartzo branco ou transparente

Acenda a vela, sente-se diante dela e concentre-se. Então, pense na sua casa. Pense em todas as alegrias que ela lhe deu e em como está agradecida por ela tê-la abrigado e protegido durante todo esse tempo. Deixe suas emoções virem à tona se possível. Afinal de contas, você está prestes a se despedir de uma amiga querida. Quando estiver em contato com seus sentimentos de gratidão, prepare-se para anotar as qualidades que você gostaria que seus novos proprietários tivessem. Como você tem carinho pela casa, não vai querer que qualquer um more nela. Talvez você escreva: "Os novos proprietários serão cuidadosos, responsáveis, pacíficos, amorosos, e realmente vão apreciar esta casa e tomar conta dela muito bem" etc. Depois de terminar, escreva o preço que você quer por ela. Escreva assim: "Aceito __,00 ou mais". Depois, abaixo, escreva: "Rápido, fácil, perfeito". Assine e date o documento, dobre-o (sempre em direção a si mesma) e lacre o envelope. Segure-o entre as palmas e diga:

Querida casa, você me serviu muito bem e eu lhe agradeço. Neste momento, eu a liberto completamente e a deixo livre. Que você possa ser honrada e estimada enquanto existir.

Coloque o envelope num guarda-roupa, gaveta, prateleira de livros ou armário que esteja dentro da sua área da sincronicidade e dos milagres, coloque o cristal em cima dele e cerque tudo com confiança e fé incondicionais. Depois que a casa for vendida, agradeça o universo por sua boa sorte e coloque o envelope no lixo reciclável.

• •

Para Atrair o Amor

Antes de decidir se é hora de atrair uma pessoa especial para sua vida, é preciso fazer uma autoavaliação. Você ama a si própria? Trata-se com profunda compreensão e respeito? É claro que todo mundo tem alguma dificuldade nessa área, mas, se você acha que, nos dois casos, a resposta está mais para "não", você só vai atrair alguém que não a ame e não a trate com profunda compreensão e respeito. Não apenas isso, mas você tampouco será capaz de oferecer amor e compreensão para essa outra pessoa. Nesse caso, comece por ler livros de autoajuda, como *You Can Heal Your Life* ("Você Pode Curar a sua Vida"), de Louise Hay, e retorne mais tarde a este ritual. Mais de uma vez, se for preciso. Falo sério. Você ainda pode fazer um curso de autoestima, começar a fazer yoga ou meditação, procurar um conselheiro espiritual, ler um livro diferente ou todas as opções anteriores. Estou querendo dizer que há um pré-requisito para este ritual, que é cultivar uma autoestima profunda e duradoura, não importa o que seja preciso para que você consiga desenvolver essa autoestima e quanto tempo leve. (E tudo bem se levar um tempão. É o que geralmente acontece!) Entretanto, se se sentir pronta, este ritual provavelmente trará resultados.

INGREDIENTES:

2 xícaras de pétalas de rosa desidratadas vermelhas ou cor-de-rosa ou as próprias flores, trituradas num moedor de café, processador de alimentos ou pilão, até se transformarem num pó fino.

¼ de xícara de pó de raiz de íris

1 frasquinho de glitter cor-de-rosa

Uma tigela de cerâmica vermelha, cor-de-rosa ou branca

1 vela cor-de-rosa

O ideal é realizar este ritual na primeira sexta-feira depois da lua nova, mas também pode ser em qualquer segunda-feira, sexta-feira ou domingo em que a lua estiver entre as fases nova e cheia. Ao anoitecer, reúna os ingredientes, acenda a vela e concentre-se. Mantenha as mãos na posição de reiki (ver pág. 88), as palmas voltadas para as rosas, a íris e o glitter e diga, enquanto visualiza uma luz cor-de-rosa dourada cintilante descendo através da sua cabeça, indo para o coração e saindo pelas mãos, em direção aos ingredientes:

Neste momento envolvo estes ingredientes com a brilhante luz magnética do amor.

Então, misture os ingredientes na tigela. Coloque-a à sua frente e faça o mudra para acalmar o coração (ver pág. 83/84), enquanto repete o mantra "Aham prema" nove vezes. Então ande na direção da porta da frente, espalhando a mistura ao longo do caminho, debaixo do capacho e do lado de fora da porta da frente. Espalhe o pó remanescente em outro lugar (fora de casa), ao redor do perímetro da casa. Volte para a vela, coloque as mãos em posição de prece e diga:

Está feito. Meu par romântico é perfeito para mim sob todos os aspectos e está a caminho neste momento. Obrigada, obrigada, obrigada. Abençoado seja. E assim seja.

• •

Para Atrair Dinheiro

INGREDIENTES:

9 laranjas

Uma tigela que não seja de plástico, suficiente para acomodar nove laranjas

Fita dourada

Fita verde

Uma vela verde

Opcional, mas recomendado: algumas gotas de óleo essencial de canela e/ou cravo-da-índia, misturadas com uma colher de sopa de óleo de girassol

O ideal é que este ritual seja realizado na lua nova, mas também pode ser em qualquer terça-feira ou domingo em que a lua estiver quase nova ou entre nova e cheia.

Reúna todos os ingredientes e concentre-se. Entalhe um cifrão na vela. Se estiver usando óleo, passe-o na vela, espalhando uma fina camada sobre toda a superfície, menos na base e no pavio. Acenda a vela. Coloque as mãos em posição de prece, feche os olhos e diga:

Invoco os anjos da abundância.

Dirija as palmas abertas na direção das laranjas e fitas e diga:

*Envolvo estes ingredientes com a
luz magnética da prosperidade.*

Visualize uma luz cintilante verde/dourada/furta-cor descendo através do topo da sua cabeça, indo para o coração e saindo pelas mãos, na direção das laranjas e fitas. Então, faça um laço em volta de uma laranja com um pedaço de fita verde e outro com a fita dourada. Depois de fazer o laço, segure a laranja com as duas mãos e diga:

*Abro as comportas da abundância e
dou as boas-vindas à infinita riqueza
em minha vida neste momento.*

Coloque a laranja na tigela e repita essas palavras com cada laranja. (Se algum dos laços cair, não se preocupe – o ritual vai dar certo do mesmo jeito.) Quando tiver terminado, coloque as mãos em posição de prece e diga:

*Está feito. Obrigada, obrigada, obrigada.
Abençoado seja. Assim seja.*

Coloque a tigela dentro do forno e a vela perto dele. Deixe a vela arder ou apague-a e acenda-a de novo (como for mais conveniente) até que ela se queime por completo. Você pode tirar as laranjas do forno e afastar a vela se precisar usar o forno; apenas as recoloque no lugar depois. Quando a lua estiver cheia ou no dia seguinte, enterre as laranjas ou coloque-as no monte de composto ou no jardim para que elas retornem à terra. Ou, neste caso, pode comê-las – apenas se certifique de jogar as cascas fora da maneira mencionada. (Se você comê-las, estará internalizando a magia, o que pode ser muito interessante de uma maneira provavelmente agradável, embora imprevisível.) Amarre as fitas juntas, fazendo um amuleto, e pendure-o ou coloque-o na área da gratidão e da prosperidade, ou pendure-o do lado de fora da porta da frente, na maçaneta do lado de dentro ou na parede interna acima da porta da frente.

Para Atrair a Carreira Ideal ou Descobrir a sua Vocação

Este ritual lembra um antigo ritual do feng shui já fora de moda. Eu mesma obtive excelentes resultados com ele. Anos atrás, ele me ajudou a descobrir minha vocação como cuidadora de casas com o auxílio da magia, e escritora metafísica.

Como preparação, anote todas as qualidades ideais da carreira perfeita, na sua opinião. Você não tem que saber ainda de que carreira se trata, apenas das qualidades. Por exemplo, você pode escrever: "Trabalho em casa, ganho ___,00 por mês ou mais, trabalho menos que ___ horas por semana, uso meus talentos e capacidades, adoro as pessoas com quem trabalho, meus colegas me admiram, posso usar qualquer roupa que queira etc. etc". Se você se pegar pensando "Isso é impossível, não existe uma profissão assim" ou "É bom demais para ser verdade", afaste tais pensamentos e lembre-se de que seus desejos não são arbitrários – eles são as balizas para seu êxito perfeito. Permita-se, com sinceridade e autenticidade, reivindicar suas circunstâncias ideais. Demore o tempo que precisar e aperfeiçoe a lista de acordo com sua orientação interior. O que quero dizer é: tenha cuidado para não incluir coisas só porque acha que deveria querê-las, nem deixe de incluir outras, porque acha que não deveria querê-las.

INGREDIENTES:

Uma vela branca

Uma caneta

A lista de qualidades que você anotou (descrita na página anterior)

Um cartão postal em branco que retrate o oceano, uma imagem do oceano que esteja em branco no verso ou uma foto sua em frente ao oceano que esteja em branco no verso

A ponta de um cristal de quartzo transparente

Um tecido vermelho de preferência de fibra 100 por cento natural, do tamanho exato do seu colchão ou um pouquinho menor (talvez uma toalha de mesa ou um lençol)

Tire o colchão da cama de modo que o estrado fique exposto.
Então, reúna os ingredientes, acenda a vela e concentre-se.
Com as mãos unidas em posição de prece (ver pág. 81, diga:

Invoco, neste momento, a carreira profissional ideal para mim.

Abra os olhos e copie as qualidades de sua carreira ideal no verso da imagem do oceano. Vá até a área da carreira e da trajetória de vida e coloque a imagem em algum lugar de onde se possa ver o lado do oceano (se preferir, também pode colocá-la numa gaveta ou em outro lugar onde não seja possível vê-la, mas deixe a imagem do oceano voltada para cima). Coloque a ponta de quartzo perto ou em cima dela. Então, pegue o tecido vermelho e estique-o sobre o estrado. Fique de pé e sinta que já descobriu a sua vocação ou carreira ideal. Do modo mais completo possível, sinta a alegria que isso traz. Você pode até visualizar a si mesma trabalhando alegremente. Então faça o mudra da expulsão (ver pág. 83) nove vezes, estalando os dedos em direção ao tecido, enquanto pronuncia as seis palavras verdadeiras a cada vez ("Om ma ni pad me hum").

e diga: Termine com as mãos em posição de prece e os olhos fechados

Obrigada, obrigada, obrigada.
Abençoado seja. Assim seja.

Coloque o colchão de volta na cama, de modo que o tecido fique entre o colchão e o estrado; a magia vai impregnar sua aura enquanto você dorme. Apague a vela.

Ritual da Casa Feliz

Este é o ritual certo para você fazer quando quiser criar mais harmonia e felicidade em casa, e eliminar a energia velha e estagnada, relacionamentos difíceis e/ou discórdias crônicas de qualquer tipo. Também é um excelente ritual para ajudar a melhorar seu relacionamento com um parceiro que mora com você, se ele não estiver harmonioso. Em certos casos, os resultados podem parecer um pouco caóticos a princípio, mas saiba que eles levarão à harmonia verdadeira e duradoura. Em outras palavras, essa não é uma cura paliativa: questões não resolvidas virão à tona para que possam ser vistas e resolvidas da melhor maneira possível.

Primeiro, limpe completamente a casa e purifique a energia. Então, você estará pronta para começar. Faça o ritual quando a lua estiver em Câncer ou Libra (busque essa informação no almanaque de magia ou astrologia ou procure essa informação na internet[*]), ou em qualquer dia que não seja terça-feira, nem quando a lua estiver na fase entre nova e cheia.

---

[*] Esta informação pode ser encontrada no *Almanaque do Pensamento* ou no *Almanaque Wicca*, ambos publicados pela Editora Pensamento. (N. E.)

INGREDIENTES:

Aproximadamente ½ xícara de urtiga seca

Aproximadamente ½ xícara de erva-campeira (helênio)

Uma vela de réchaud laranja ou cor de pêssego para cada cômodo

Um pratinho ou um castiçal com essa forma para cada cômodo

Óleo essencial de tangerina

Óleo essencial de néroli

2 colheres de sopa de óleo de oliva

Reúna todos os ingredientes num altar ou num lugar central. Coloque as mãos em posição de prece e diga:

> Neste momento, invoco Héstia, a deusa do lar. Neste momento, solicito sua poderosa ajuda com este ritual, para criar harmonia e felicidade entre estas paredes.

Depois mantenha as mãos sobre os ingredientes e sinta uma copiosa fonte de harmonia e contentamento fluindo do topo da sua cabeça, descendo para o coração e saindo através das suas mãos até os ingredientes. Você pode visualizar os ingredientes sendo inundados de luz. Entalhe este símbolo, a runa Ger (ou Jara) em cada vela:

Ele representa o equilíbrio natural e os ciclos da natureza e também ajuda a revelar e sanar quaisquer problemas e bloqueios que possam estar impedindo a verdadeira harmonia. Depois, numa vasilha pequena, coloque 9 gotas de cada óleo essencial em duas colheres de sopa de óleo de oliva e misture. Espalhe uma fina camada de óleo em cada vela, cobrindo toda a superfície, menos a base e o pavio. Coloque cada vela num pratinho e espalhe uma pequena quantidade de urtiga e erva-campeira em volta de cada base. Uma a uma, espalhe as velas pelos cômodos da casa e as acenda. Ao acender cada uma delas, coloque as mãos em posição de prece e, com os olhos fechados, diga:

Feliz, doce, harmoniosa, abençoada.

Ao terminar de acender todas, volte para o ponto de partida e diga:

Obrigada, obrigada, obrigada.
Abençoado seja. E assim seja.

Deixe que as velas ardam durante duas horas, no mínimo, ou queimem até o fim.

· ·
Para Expulsar um Hóspede ou Morador Indesejado (humano)

Cuidado agora! Ao realizar rituais, é importante sempre irradiar boas energias, uma vez que toda energia que você envia retorna para você três vezes mais forte. Acredite em mim. Há alguns anos, quando eu era jovem e rebelde, aprendi isso da pior maneira e não teve a *menor graça*. Portanto, tome muito cuidado se o ritual for para uma pessoa com quem você tem problemas. (O que estou adivinhando ser o caso, já que sou sensitiva, não é mesmo?)

Este ritual só deve ser realizado se você tentou todas as outras opções civilizadas (pedir com delicadeza, com firmeza etc.) e não funcionou. Além disso, se houver um conflito, reflita bem para ter certeza de que você está mesmo com a razão.

Não vá expulsar alguém que tem direito à casa ou você vai ficar muito, muito (*muito mesmo*) arrependida, já que aquela lei das três vezes, em tais circunstâncias, causa a maior dor de cabeça.

INGREDIENTES:

Uma cópia da fotografia da pessoa que você quer banir
1 colher de sopa de pimenta-do-reino
1 colher de sopa de alho em pó
Algo onde queimar a foto, como um vaso ou uma tigela velha
Uma vela

No dia seguinte ao início da lua cheia, acenda a vela e concentre-se. Feche os olhos. Invoque o aspecto mais puro e espiritual do seu ser, a sua parte que não conhece conflitos, apenas amor. Dessa sua parte, invoque o Eu Superior da pessoa que quer expulsar. Veja se consegue relevar as diferenças entre vocês e realmente sinta cordialidade e boas intenções em relação a essa pessoa. Depois de fazer isso, visualize-se trocando um aperto de mão com ela e dizendo "Agradeço por tudo o que me ensinou. Agora é hora de nos separarmos". Então deseje a ela apenas o bem, enquanto você a visualiza dando-lhe as costas e indo embora, até sair de vista. Ao fazer isso, imagine que a pessoa está caminhando em direção a um futuro brilhante e maravilhoso, e deseje-lhe o melhor em sua nova vida e residência.

Abra os olhos e imediatamente coloque fogo na foto. Enquanto ela arde, visualize a energia dessa pessoa sendo completamente purificada e removida da sua casa. Quando restarem apenas cinzas, misture-as com a pimenta e o pó de alho. Vá para fora e espalhe a mistura ao redor da casa ou do terreno (o que parecer melhor). Se isso não for possível porque você mora numa casa geminada ou apartamento, espalhe a mistura numa linha paralela a todas as portas e janelas que dão para fora. A quantidade que você espalhar deve ser bem pouca para que não seja notada facilmente. Se sobrar um pouco da mistura, jogue-a na privada e dê a descarga. Volte-se para a vela que ainda está ardendo e diga:

Está feito. Obrigada, obrigada, obrigada.
Abençoado seja. E assim seja.

Apague a vela, limpe qualquer resquício do ritual e lave as mãos. A pessoa deve ir embora num prazo de até duas semanas.

• •

Para Expulsar um Hóspede ou Morador Indesejado (Espírito)

Vamos diferenciar dois tipos de espírito, que são bem diferentes um do outro. Existem os guias espirituais – que podem ser descritos como iluminados, bondosos e prestativos – e existem os espíritos que estão presos à terra, porque estão confusos, têm vícios, sentem culpa, precisam resolver questões inacabadas ou têm outro tipo de ligação com o plano físico. É bem provável que você esteja lidando com este último tipo, caso esteja passando por qualquer uma das experiências a seguir na sua casa:

- Uma sensação de depressão, tristeza e/ou peso
- Áreas que permanecem misteriosamente mais frias
- A sensação de que as luzes estão sempre fracas
- A sensação de estar sempre exausta ou desatenta
- Ruídos de pancadas, arranhões, passos noturnos ou qualquer outro barulho estranho

- Um vício súbito e inexplicável que não parece ser seu (por exemplo, você de repente quer comprar cigarros, sem nunca ter sido fumante)
- Mudança de lugar ou desaparição misteriosa de objetos
- Aparelhos que ligam e desligam sozinhos
- Suspeita de que um antigo residente falecido possa ainda estar na casa

Se isso estiver ocorrendo, faça uma limpeza completa e depois realize este ritual de expulsão o mais rápido possível, o que ajudará o espírito a fazer sua passagem para o plano espiritual.

INGREDIENTES:
Uma vela branca para cada cômodo
Algumas gotas de óleo essencial de angélica (ou a própria flor desidratada), misturadas com óleo de girassol
Incenso de copal
Um suporte para incenso (ou algo que sirva como um) para cada cômodo

Observação importante: se tiver animais de estimação em casa, coloque-os do lado de fora ou encontre algum lugar para eles ficarem durante este ritual.

Quando a lua estiver entre cheia e nova, depois de escurecer, junte os ingredientes num lugar central. Passe o óleo de girassol/angélica em cada vela, espalhando uma fina camada por toda a superfície, excluindo a base e o pavio, e coloque uma vela em cada cômodo, com uma vareta de incenso. Ou você também pode espalhar a angélica seca num círculo em volta de cada vela, no pratinho ou castiçal. Acenda a vela e uma vareta de incenso no primeiro cômodo, coloque as mãos em posição de prece e diga:

Arcanjo Miguel, eu o invoco. *Por favor, retire deste espaço todo e qualquer espírito ligado à terra e leve-o para a luz.*

Repita esse processo em cada cômodo, tendo o cuidado de se prevenir contra o perigo de incêndio. Quando tiver terminado, dê uma boa olhada para se certificar de que todas as velas e incensos estejam queimando com *toda* segurança e fique fora de casa durante uma ou duas horas. Ao voltar, ligue todas as luzes, apague e jogue fora as velas, abra todas as portas e janelas e abra todas as torneiras e chuveiros por quinze segundos. Então deixe tudo como estava antes e coloque para tocar bem alto uma música animada e estimulante para mover a energia mais uma vez. (Sim, música dançante é uma boa opção.) Agradeça ao Arcanjo Miguel pela ajuda. Depois convide todos os anjos e/ou bons espíritos e seres de que puder se lembrar para proteger o espaço e mantê-lo livre de energias inferiores.

Conclusão

Mãos à obra!

CONSIDERE-SE INICIADA na ordem sagrada dos magos da arrumação da casa! Você agora sabe que sua casa é um instrumento alquímico de manifestação, e a reconhece como seu palácio, seu oásis e o lugar onde você cuida da sua verdadeira essência divina e a reverencia.

Para fortalecer e solidificar sua nova perspectiva e seus poderes recém-descobertos, é bom que sempre se lembre dos princípios mais importantes por trás da magia de cuidar da casa: que tudo está conectado e que não há separação entre o físico e o etéreo. Em outras palavras, sua paisagem exterior reflete a sua paisagem interior e vice-versa. É, de fato, muito simples: o que você quer vivenciar? Harmonia? Romance? Luxo? Comece por definir claramente suas intenções. Então, crie essas qualidades em seu ambiente doméstico (e reforce-as, talvez, com um ou dois rituais) e sua experiência de vida será um resultado natural.

Contudo, manifestar as condições que queremos em nossa vida é só parte da história. O que estamos fazendo, na verdade, quando cuidamos da casa com magia é viver conscientemente e com compaixão. Estamos fazendo escolhas que não são só para o nosso bem maior, mas para o bem maior de todas as plantas, animais, pessoas e o planeta como um todo. Saber que somos parte do Todo e honrar esse conhecimento por meio de nossas escolhas e ações confere beleza e significado à nossa vida. E isso é cíclico e simbiótico: viver conscientemente e com compaixão é a verdadeira chave para o êxito e o contentamento duradouro.

Tudo o que existe é um mar unificado de energia. Quando você pensa em sua casa como parte desse mar, vê que cuidar da casa com magia muda a maré – não apenas para você, mas também para tudo e para todos. As pequenas ondulações de energia que se propagam do seu cantinho no planeta podem ganhar impulso e se tornar ondas poderosas. Portanto, vamos lá, fada da arrumação da casa! Salve o planeta e contribua para a paz mundial, começando com seu coração e a sua casa!

Apêndice

Tabela de Correspondência das Cores

Amarelo: confere brilho, alegria; ancora; inspira; confere uma energia afetuosa, receptiva, calmante

Amarelo-ouro: energiza e estabiliza

Areia: confere precisão, autoridade, calma, discernimento; a manifestação masculina do Divino

Azul: melhora a saúde; aumenta a conexão com o poder de cura da mente inconsciente; promove a autoexpressão

Azul-claro: acalma; intensifica a bondade e uma autoexpressão suave e sonhadora; modera as paixões

Azul-turquesa: confere saúde vibrante, fortalece o sistema imunológico, promove a autoexpressão, abre o coração, eleva a energia, traz prosperidade

Bege ou bronze: ancora; conforta; torna mais leve, atencioso, sensível

Branco: confere ideias, precisão, poderes mentais, pureza, leveza, luminosidade, simplicidade; atrai a ajuda dos anjos

Caramelo: o elemento Terra, que ancora e estabiliza

Cinza: promove a emoção equilibrada com racionalidade; fluidez contida

Cor-de-rosa: aumenta a atração sexual e a sedução; cor favorável nos primeiros encontros românticos e para melhorar a autoimagem

Creme ou marfim: as mesmas qualidades do branco, mas um pouco mais cálido e receptivo

Dourado, metálico: aumenta a prosperidade, atrai a ajuda do Divino, sintoniza com a energia do sol

Índigo: aumenta a conexão com a intuição, o inconsciente e a orientação divina

Laranja: relaxa e promove autoconfiança; os elementos da Terra e do Fogo

Lilás: promove uma energia sonhadora, mágica, calmante, inspiradora; cor associada com a beleza física e os aspectos espirituais do romance

Marrom escuro ou chocolate: o elemento Terra com um toque do elemento Água; promove a estabilidade profunda e carinhosa com um toque de fluidez

Pêssego: promove o aspecto receptivo, doce, carinhoso e cálido do amor romântico; também aumenta a autoestima e a autoaceitação; proporciona paz

Pink: promove o romance e o carinho; abre o coração; amolece o coração

Prateado, metálico: atrai a ajuda do Divino, encoraja voos da imaginação, sintoniza com a energia da lua

Preto: expulsa energias indesejáveis; aumenta o poder mágico ou a fluidez; o elemento Água

Rosa-claro: promove o aspecto meigo, suave e jovem do amor romântico; feminilidade; aquece o coração nos primeiros estágios do amor romântico

Verde-acinzentado: confere racionalidade, concentração e calma; não intensifica a paixão (tenha isso em mente se for usar essa cor na cama e na área do amor e do casamento)

Verde-água: ancora, estimula, energiza, melhora a saúde

Verde-bandeira: confere uma saúde vibrante, riqueza, amor

Verde-folha: melhora a saúde, atrai riqueza, estabiliza, nutre

Vermelho-escuro ou tijolo: ancora e promove a confiança

Vermelho-vivo: o elemento Fogo; confere energia, paixão, coragem, saúde

Violeta ou roxo: confere uma beleza etérea; promove a ligação com os reinos da magia; promove a riqueza e a abundância, aumenta a conexão com o Divino

Bibliografia

Ashley-Farrand, Thomas. *Mantra Meditation.* Boulder, CO: Sounds True, 2004.

Barnard, Tanya e Sarah Kramer. *The Garden of Vegan.* Vancouver: Arsenal Pulp Press, 2002.

Campbell, Jeff. *Speed Cleaning.* Nova York: Dell, 1991.

Chevallier, Andrew. *Encyclopedia of Herbal Medicine.* Nova York: Dorling Kindersley, 2000.

Cobb, Linda. *Talking Dirty with the Queen of Clean,* 2ª ed. Nova York: Pocket Books, 1998.

Collins, Terah Kathryn. *The Western Guide to Feng Shui.* Carlsbad, CA: Hay House, 1996.

_____. *The Western Guide to Feng Shui for Romance.* Carlsbad, CA: Hay House, 2004.

_____. *The Western Guide to Feng Shui: Room by Room*. Carlsbad, CA: Hay House, 1999.

Cousens, Gabriel. *Conscious Eating*. Berkeley, CA: North Atlantic Books, 2000.

Cunningham, Scott. *Cunningham's Encyclopedia of Magical Herbs*. St. Paul, MN: Llewellyn, 1985.

_____. *Magical Aromatherapy: The Power of Scent*. St. Paul, MN: Llewellyn, 1989.

Cunningham, Scott, e David Harrington. *The Magical Household*. St. Paul, MN: Llewellyn, 1983.

De Luca, Diana. *Botanica Erotica: Arousing Body, Mind, and Spirit*. Rochester, VT: Healing Arts Press, 1998.

Dugan, Ellen. *Cottage Witchery*. Woodbury, MN: Llewellyn, 2005.

Geddess, Neil e Alicen Geddess-Ward. *Faeriecraft*. Carlsbad, CA: Hay House, 2005.

Ginsberg, Allen. *Howl and Other Poems*. São Francisco: City Lights, 1956.

Hay, Louise. *You Can Heal Your Life*. Carlsbad, CA: Hay House, 1984.

Illes, Judika. *The Element Encyclopedia of 5000 Spells*. Londres: Harper-Element, 2004.

Katie, Byron e Michael Katz. *I Need Your Love—Is That True?* Nova York: Three Rivers Press, 2006.

_____. *Loving What Is: Four Questions That Can Change Your Life*. Nova York: Three Rivers Press, 2003.

Kennedy, David Daniel. *Feng Shui for Dummies*. Hoboken, NJ: Wiley Publishing, 2001.

Kingston, Karen. *Clear Your Clutter with Feng Shui*. Nova York: Broadway Books, 1998.

_____. *Creating Sacred Space with Feng Shui*. Nova York: Broadway Books, 1997. [*Arrume a Sua Bagunça com o Feng Shui*, Editora Pensamento, SP, 2000.]

Kloss, Jethro. *Back to Eden*. Loma Linda: Back to Eden, 1939.

Linn, Denise. *Feng Shui for the Soul*. Carlsbad, CA: Hay House, 2000.

_____. *Space Clearing A–Z*. Carlsbad, CA: Hay House, 2001.

Lust, John. *The Herb Book*. Nova York: Bantam, 1979.

Medici, Marina. *Good Magic*. Nova York: Fireside, 1988.

Melody. *Love Is in the Earth*. Wheat Ridge, CO: Earth-Love Publishing House, 1995.

Rattana, Guru. *Transitions to a Heart-Centered World*. Sunbury, PA: Yoga Technology, 1988.

Scheffer, Mechthild. *The Encyclopedia of Bach Flower Therapy*. Rochester, VT: Healing Arts Press, 2001.

Spitzer, K. D. "Magic Squares". *Llewellyn's 2009 Magical Almanac*. Woodbury, MN: Llewellyn, 2008.

Sunset Publishing Corporation. *The Sunset Western Garden Book*. Menlo Park, CA: Sunset Publishing Corporation, 2001.

Van Praagh, James. *Ghosts Among Us: Uncovering the Truth About the Other Side*. Nova York: HarperOne, 2008.

Virtue, Doreen. *Archangels and Ascended Masters*. Carlsbad, CA: Hay House, 2003.

_____. *Fairies 101*. Carlsbad, CA: Hay House, 2007.

_____. *Healing with the Fairies*. Carlsbad, CA: Hay House, 2001.

_____. *The Lightworker's Way*. Carlsbad, CA: Hay House, 1997.

Virtue, Doreen, e Becky Prelitz. *Eating in the Light*. Carlsbad, CA: Hay House, 2001.

Wolfe, Amber. *Personal Alchemy*. St. Paul, MN: Llewellyn, 1993.

Wolverton, B. C. *How to Grow Fresh Air: 50 Houseplants that Purify Your Home or Office*. Nova York: Penguin Books, 1996.

Impresso por :

Graphium
gráfica e editora
Tel.:11 2769-9056